セルフ・レジスタンス
the extra SLOW TRAINING

美人をつくるダイエット エクササイズ

セルフ・レジスタンス

the extra SLOW TRAINING

美人をつくるダイエット エクササイズ

東京大学大学院教授 石井直方

AKISHOBO

はじめに

「ダイエットはしたいけど忙しくて……」
「いざトライしても、なかなか続かないんです」
そんな女性たちの力になれるのが「セルフレジスタンス」です。
セルフレジスタンスでは、無理をしてエクササイズのための
時間をつくる必要がありません。
器具や道具もいっさい使いません。
筋肉の収縮のしくみを利用して、
「自分の力で自分の筋肉に抵抗をかける」ものです。
以前からボディビル選手などの間ではおこなわれていましたが、
一般の女性にも手軽にトライできるように今回アレンジしてみました。
いつもと変わらない暮らしのなかで、無理なくできると思います。
だから続く。
続くから、見せかけではない効果があらわれます。
「効果の持続」こそ、リバウンドしない体、
太ってしまわない体をつくるうえで絶対に欠かせない条件です。
さらに、このエクササイズには「スロートレーニング」の要素が
含まれていますので、そのぶん効果も期待できます。
ダイエットの成否を分けるのは、
続けることができるかどうかです。
セルフレジスタンスは無理なく続けられ、
余計なストレスがかかることもありません。
メリハリのきいた美しい体に憧れる女性が、
思いたったスグそのときから始められる
エクササイズです。
さっそく今日から、セルレジを始めてみませんか。
あなただけの“終わらないキレイ”を
ぜひ、手に入れてください。

Contents

Chapter 2 ウォーキングアプリケーション

Chapter 3 ダイエットコンプリヘンション

セルフレジスタンスならダイエットできる！

あなたにも続けられるエクササイズ

1セット 30秒からでいい

セルフレジスタンスは、30秒1セットからでもOK。床に寝そべる必要も、特別な器具を使う必要もありません。立ったまま、椅子に座ったまま、つまり、いつでもどこでも可能です。

仕事の合間に1セット、気分転換に1セット、ひと息入れたらまた1セットと、〝塵も積もれば〟方式でおこなえるのが特長です。

これまで私は、主に「スロトレ」（詳細は拙著をご参照ください）を世にご紹介してきましたが、「スロトレ」がきつくて続けられない人にとっては、より入りやすいエクササイズとなるでしょうし、スロトレをすでにおこなっている人にとっても、プラスαの効率を生み出すエクササイズになるはずです。

あなたにとって、挫折知らずの楽しいダイエット・エクササイズとなることを祈っています。

heel raise

palm-push move

bent over row & good morning

セルフレジスタンスが続く理由

筋トレをストレスなく習慣にするために

「忙しいからできない」にさようなら！

ふつうダイエットを目的とした筋トレは、1日15分から30分が目安。それを週に2回から3回、インターバルを設けておこないます。

しかし、これが続かない人も少なくないようです。それにはおそらく次のような理由があると考えられます。トレーニング自体に費やす時間は短くても、たとえばジムやフィットネスクラブへ出向くのには時間がかかります（着替えやシャワー等の時間も）。そうなると、1～2時間ほどの時間をつくらなければならなくなる……。また、2、3日おきに1度おこなうというサイクルも、かえってスケジュール管理を面倒なものに感じさせる要因となっているかもしれません。

その点セルフレジスタンスは時と場所を選びません。あなたが本書

を読んでいるまさに今、この場で実践できるエクササイズなのです。
「忙しいから」とダイエットを諦めなくてもよくなります。

軽い負荷と心地よさでモチベーションをキープ

筋肉を鍛える＝筋線維を太くする、ということ。筋線維には、傷ついたり極度に疲労したりすると、他の細胞のように新しいものへ「置き替わる」のではなく、「補修」されるという特徴があります。同じ衝撃ではもう傷つかないように、以前より太く増強されるのです。この補修機能が作用するだけの刺激（負荷）を筋肉にあたえることこそが、筋トレの目的。本書で紹介するセルフレジスタンスは、なるべく小さな負荷で効果が上がるように工夫していますので続けやすいと思います。

なかには、むしろストレッチに近いエクササイズもあり、運動不足や肩こりに悩まされている人にとっては、きっと「気持ちがいい」と感じられるはず。気持ちよければ、好んで実践しようという気になりますよね。

負荷の軽さと心地よさ、このふたつが継続を容易にするのです。

道具がいらないから手軽にすぐできる!

通常の筋トレではバーベルやダンベルなどのウエイトを「抵抗（レジスタンス）」として利用します。しかし、セルフレジスタンスでは、文字どおり自分自身（セルフ）で抵抗をつくります。

たとえば、アームカールという上腕を鍛えるエクササイズ。ヒジを曲げたとき力こぶができる筋肉を鍛えるものですが、これも通常はバーベルやダンベルを抵抗にします。しかしセルフレジスタンスでは何も手に持ちません。そのかわり、反対の手で上から押さえつけ、それを抵抗としながら引き上げていきます。

自分の力ですから抵抗が大きくなりすぎる心配がほとんどなく、怪我のリスクも軽減します。安全性の高さもセルフレジスタンスの特長のひとつです。

いつの間にか 気がつけば習慣に

どんな筋トレでも、一定の効果を得るには2～3カ月は継続しておこなう必要があります。よって、目に見える効果は簡単にはあらわれにくい。

でも、効果がわかりづらいからといってやめてしまえば、筋肉は維持できません。それどころか、せっかく筋肉がつきはじめたとしても、すぐに元に戻ってしまいます。

つきにくく、落ちやすいのが筋肉の特徴なのです。
だから、続けること、続けられることに大きな意味があります。
その点、セルフレジスタンスは自分の力を利用しておこなうため負荷も比較的軽く、心地よいと感じられる種目もあります。

気がつけばセルフレジスタンスが習慣になっていた――そうなれたら理想ですね。

言うまでもなく、本書を手に取ったあなたの目標は、目に見える形でのダイエットとキレイの持続でしょう。

そのためにも過程は大切です。

せっかくトライするのなら、楽しめる筋トレであってほしいと思いませんか？

ずっとキレイをめざしましょう!

使わなければ落ちる筋肉!! 落ちる代謝!!

加齢よりも筋肉の不使用が問題

加齢とともに落ちていくのが筋肉。とくに30歳を過ぎれば、男女とも筋肉の絶対量は減っていきます。太ももやおなかまわりの筋肉では、その減少の割合は年に0・5〜1パーセント程度。

意外に少ないと感じる方もいるでしょう。

でもこれは、数字の上で言えば、10年経てば約5〜10パーセントの筋肉が失われてしまう、ということです。とくに、太ももやお尻、首まわりの筋肉、それに腹筋、背筋といった「抗重力筋」（重力に逆らってはたらく筋肉）ほど落ちやすいのです。

しかし、諦めることはありません。

なぜなら、加齢そのものが原因となる筋肉量の減少は、全体の減少

量の3割程度と考えられるからです。

残りの7割は、むしろ「使わないこと」が原因！

加齢よりも、筋肉をあまり使わなくなることのほうが問題です。

使わないから筋肉が落ちる→筋肉が落ちたぶん消費されるエネルギー が減る→体脂肪の蓄積へとつながっていくのです。

終わらないキレイを あなたのものに

脚や体幹まわりにある筋肉は、毎日の暮らしの中で使われることによって刺激を受け、筋肉量が維持されています。逆にいえば、刺激がなくなると筋肉は落ちてしまうということです。だからこそ、セルフレジスタンスです。

いつでもどこでもできるセルフレジスタンスで刺激をあたえつづけ、筋肉の維持・増強を習慣化できれば、若さと美しさをキープできる可能性もぐっと高まることでしょう。

社会人になってから運動らしい運動をしていない、という女性も少なくないかもしれませんが、〝終わらないキレイ〟と〝みずみずしいボディ〟をめざして、あなたも今日からトライしてはいかがでしょう。

“いまさら聞けない”

ダイエットの基本

「ダイエットなんて、要するに体重が落ちればいいんでしょ?」
そんなふうに考えている人はたいへん危険!

こうした認識でダイエットに取り組むと、自らを「太りやすい体」に導いてしまうことも……。知っていそうで知らないことばかりのダイエット。あらためてベーシックなポイントを確認しておきましょう。

Q ダイエットって何?

A ダイエットとはエネルギーの赤字をつくること

ダイエットの考え方はシンプル。消費エネルギーを摂取したエネルギーより多くすればいいのです。入ってくる量より出ていく量が多いという「エネルギーの赤字状態」をつくりだす。これができれば間違いなく体はスリムになっていきます。

Q ダイエットの基本戦略って?

A 摂取量を減らす or 消費量を増やす

エネルギーの摂取量を減らすか、消費量を増やすか。ダイエットの戦略はこのふたつだけです。ダイエットの語源でもある「食事の制限」は前者、運動量を増やす方法は後者です。

ひとつ例をあげましょう。ウォーキングを1時間おこなうとします。ふだんから運動慣れしていない人にとっては、達成感も大きいでしょう。しかし、それによって消費されるエネルギーは150キロカロリー前後。エネルギーの収支としては、食パン約1枚を減らすのと1時間のウォーキングはほぼイコールなのです。

Q ダイエットの落とし穴って?

A 食事制限オンリーだと太りやすくなる

少々の運動ではエネルギーは大きく消費されない。ならば1時間汗をかいてウォーキングするより、食パン1枚を我慢したほうがいい。多くの人がそう感じることでしょう。食事量を控えめにすることは、それ自体、悪いことではありません。ただし、食事制限のみによるダイエットには危険な一面があります。短期的には体重が落ちても、長期的に見れば「太りやすい体」になってしまうからです。食事制限だけでは、体脂肪だけではなく筋肉も落ちてしまう。筋肉が落ちればエネルギー代謝の低い体になり、代謝が下がると脂肪は燃えにくくなる——。このような悪循環が生まれてしまうのです。

POINT 1

いちばんエネルギーを消費するのは筋肉

あなたの体が1日に消費しているエネルギー（仮に2000キロカロリーとします）の60～75パーセント（1200～1500キロカロリー）は基礎代謝に充てられています。基礎代謝とは、呼吸や体温保持など生命活動の維持に使われるエネルギーです。残りが運動による消費（活動代謝）と、食事による消費（約10パーセント）です。圧倒的に基礎代謝のほうが多いのです。そして、基礎代謝の約30～40パーセント、また活動代謝の大部分を筋肉が担っています。1日のエネルギーの半分はどは筋肉が消費しているのです。

しかし、その肝心の筋肉は30歳を過ぎるあたりから減ってきます。この年代から多くの人が徐々に太りはじめるのは、筋肉が減ったぶんだけ、消費されずに残ったエネルギーが蓄積されていくからなのです。

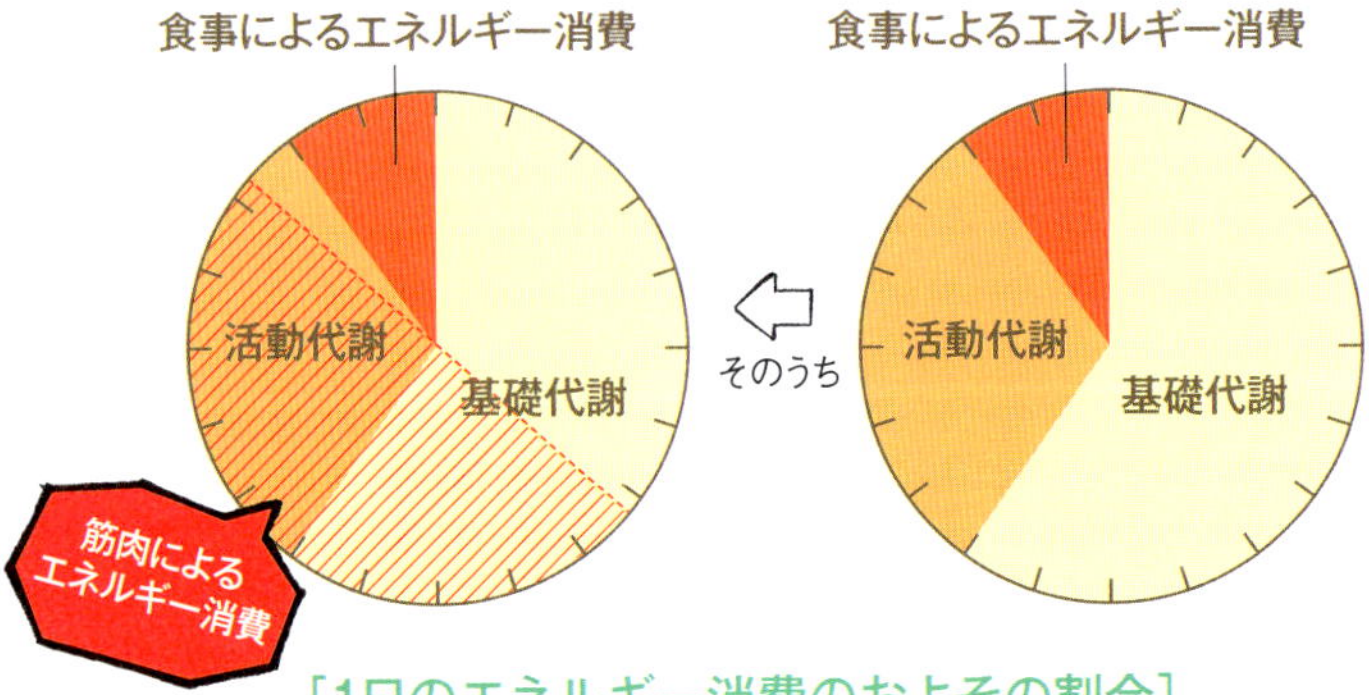

［1日のエネルギー消費のおよその割合］

POINT 2

消費されなかったエネルギーが体脂肪に

筋肉量が落ちることで消費しきれなくなったエネルギーは、形を変えて体内に蓄えられます。これが「体脂肪」です。私たちの体は生存戦略として、飢餓など不測の事態に備え、隙あらばエネルギーを蓄える方向へとシフトします。そのためには、脂肪として蓄えるのがもっとも効率がよいのです。

理由は簡単。タンパク質や糖質が１グラムあたり４キロカロリーのエネルギーを持つのに対し、体脂肪は１グラムあたり７キロカロリー（純粋な脂肪では約9キロカロリー）も備蓄できるからです。

体脂肪を貯め込まないためには、まずエネルギーの最大消費者である筋肉を維持・増強することです。放っておけば減っていく筋肉を鍛えることで、日々エネルギーを完全燃焼できる体にしていきましょう。

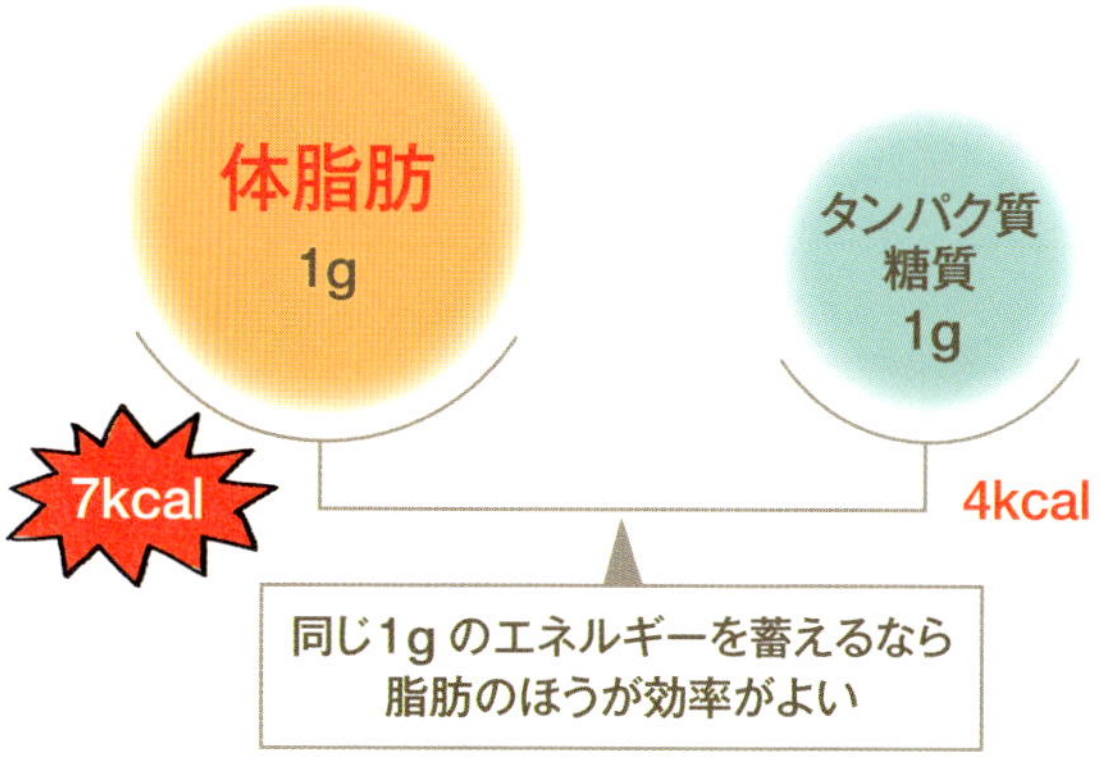

POINT 3

食事制限で真っ先に減るのは筋肉

食事制限だけのダイエットで、真っ先に落ちるのは筋肉です。摂取できる食事（エネルギー）が減ると生物の生存戦略として、エネルギーの最大消費者である筋肉を先に減らそうという反応が起こります。実際、エネルギー不足のときに分泌されるコルチゾールというホルモンは、筋肉を分解する作用があります。

同時に、エネルギーを蓄えるうえで効率のよい脂肪を、飢餓に備えて残しておく方向に舵が切られます。エネルギーを大食いする筋肉は少ないほうがよく、かわりに脂肪を蓄えて、なるべく動かないようにしたほうがよいという方向へシフトしてしまうのです。

POINT 4

年齢・性別に関係なく筋肉は鍛えられる

筋肉は年齢・性別を問わず鍛えることができます。

80歳を過ぎた女性でも、筋トレによって筋肉が増強した事例が実際にあります。

筋肉が増えれば元気に活動できるようになり、基礎代謝も増えるからエネルギー代謝が上がる。そのぶん体脂肪が燃え、太りにくくなるわけです。

この好循環を維持するためには、筋肉への刺激の継続が必要です。

無理なく続けられるセルフレジスタンスなら、年齢を重ねても、女性であっても、適度に筋肉を鍛えて太りにくい体を長期的に保てる可能性は高まります。

column 01

筋トレとダイエットの素朴な疑問

「筋肉をつけましょう」

と言うと、

「腕や脚がムキムキになりそうで、なんだかイヤだな……」

と漏らす女性が少なくありません。

ならば、このように言い替えてみます。

「体脂肪を減らしましょう」

こういう提案なら無条件に「賛成！」ですよね。

　矛盾するように聞こえるかもしれませんが、筋肉を増やすことは体脂肪を減らすことにつながるのです。筋肉が増え、それを使って活動的になれれば、体脂肪は減ることも期待できますが、何より基礎代謝が上がるからです。貯め込まれた脂肪も消費されやすくなるんですね。

　脂肪であろうが筋肉であろうが関係ない、とにかく体重が減ればいい。そんなふうに考えている方もいるかもしれませんが、それは間違いです。筋肉が減れば、脂肪が増えてお尻はたるみ、首にはシワが目立ち、ウエストも太くなってくるかもしれません。

「体脂肪率は落ちないけど、体重は2キロ減ったわ！」

　極端な話、あなたはこれで本当にうれしいですか、ということです。

　筋肉が落ちれば、脂肪貯め込みモードのスイッチがオンになると考えておきましょう。ダイエットの真のターゲットは、体重ではなく体脂肪。食事制限さえしていればいいわけではなく、筋トレも並行しておこなうことが大切です。

　ただし、肥満の方は当座の緊急措置として、食事制限に重点を置いたほうが効率的でしょう。

　そのうえで、消費カロリーを上げるべく地道に運動を続け、さらに筋トレで筋肉を回復・増強していってほしいと思います。

Chapter 1

セルフレジスタンスメソッド

Self-Resistance method

セルフレジスタンスの基本は、自分自身の力を
「抵抗（レジスタンス）」として、互いに反対の作用を
およぼす一対の筋肉（拮抗筋）* どうしを鍛えたり、
体の左右にある筋肉どうしを鍛えたり
することにあります。

*拮抗筋：伸筋と屈筋、外転筋と内転筋など

［P28以降のマークについて］

self-resistance 5回ずつ × 3セット　セルフレジスタンスのエクササイズ

10回 × 3セット　セルフレジスタンスを補完する意味合いのエクササイズ

Self-Resistance OUTLINE

体脂肪を落とし、美を生みだす セルフレジスタンス

「セルフレジスタンスが女性に向いている理由とは？」

1 生活リズムの中に取り入れやすい

セルフレジスタンスのほとんどのエクササイズは、たとえばオフィスの席に座ったままでも可能です。しかも1セット30秒からと短時間ですみますから、どんなに忙しい人でも毎日のように実行できるでしょう。

給湯室にお茶をいれにいったついで、トイレから席にもどったタイミング、パソコン画面を見つづけて疲れたな、と思ったときの気分転換におこなうのもいいですね。1日合計5分間。まずは1セット30秒ずつを数回に分けてはじめてみましょう。毎日決まった時間をセルフレジスタンス・タイムにするのもお勧めです。

セルフレジスタンスが日々の生活リズムに溶け込めば、あなたのダイエットは成功へとつながるレールに乗ったといえます。

2 軽い負荷と安全性が続けやすさの秘密

通常の筋トレで効果をあげるには、その人の持つ最大筋力の65パーセント（なんとか15～20回くり返せる強度）以上の負荷をかけることが必要です。これはかなりの強度といえます。

これに対しセルフレジスタンスは、ポイントを押さえておけば、最大筋力の40パーセントの負荷でも効果が上がります。

その基本コンセプトは、静的筋トレとして知られているアイソメトリックトレーニングに、スロートレーニング（スロトレ）の動きを加えたもの。アイソメトリックの短所である「血圧上昇の危険性」等を回避しながら、負荷が軽くても効果が上がるスロトレのメリットを加味したエクササイズなのです。

◆通常の筋トレ VS セルフレジスタンス

通常の筋トレ	最大筋力の65パーセント以上必要	2、3 日おき	器具が必要	継続するのが大変
セルフレジスタンス	最大筋力の40パーセント以上でOK	毎日でも可能	器具がいらない	継続しやすい

「セルフレジスタンスのポイント」

1 拮抗筋の力を利用する

たとえば、ヒジを曲げるときには上腕二頭筋が収縮し、上腕三頭筋が伸ばされます。逆に、ヒジを伸ばすときには前者は伸ばされ、後者が収縮します。

これらの筋肉は、それぞれ反対の作用も持つもので、互いに「拮抗筋」になっています。セルフレジスタンスでは、こうした拮抗筋どうしのはたらきを巧みに利用します。

2 左右の同じ筋肉どうしでおこなう

同じ名前の筋肉は左右一対あります。たとえば大胸筋という胸の筋肉は、鳥のはばたきのように肩を前方に回すはたらきを持つため、手のひらを合わせて左右の大胸筋を収縮させると、互いに負荷抵抗となります。

3 加える抵抗は自分の力だけ

セルフレジスタンスでは、自分自身の力を利用します。

ヒジを曲げて上腕を持ち上げるときには、もう片方の手で上から手を押さえつけ負荷をかけます。自分自身の力ですから、無理な負荷がかかってしまう危険性も極めて低いのです。

4 力を入れながらゆっくり動く

セルフレジスタンスのメカニズムには、スロトレと共通している部分があり、「自分の力で負荷抵抗をあたえるスロトレ」と言い換えることもできます。スロトレのポイントは「力をゆるめることなく動くこと」ですから、セルフレジスタンスの場合も同様に、つねに「筋肉の緊張をゆるめずにゆっくり動く」ことがポイントになります。

おなかのエクササイズ

Belly Exercise

キレイなボディライン獲得のためには、
引き締まったおなかが絶対条件。
また、腹部を含んだ体幹を鍛えることで、
代謝のよい、太らない体が得られます。

腹横筋

いわゆる「横っぱら」の筋肉。腹圧を高めるときにはたらく。内腹斜筋の下の層にある

脊柱起立筋

脊柱を支える筋肉群。脊柱の背中側に位置する

腹直筋

おなかの表面をおおう平たく長い筋肉。多くの生活シーン、スポーツシーンでなくてはならない重要な部位

腹斜筋

腹直筋とろっ骨につながり、体幹の前屈・側屈・回旋時にはたらく。外腹斜筋と内腹斜筋があり、表層に外腹斜筋、その下に内腹斜筋がある

ぽっこりおなかこそ
セルフレジスタンス・エクササイズの
最初のターゲットです!

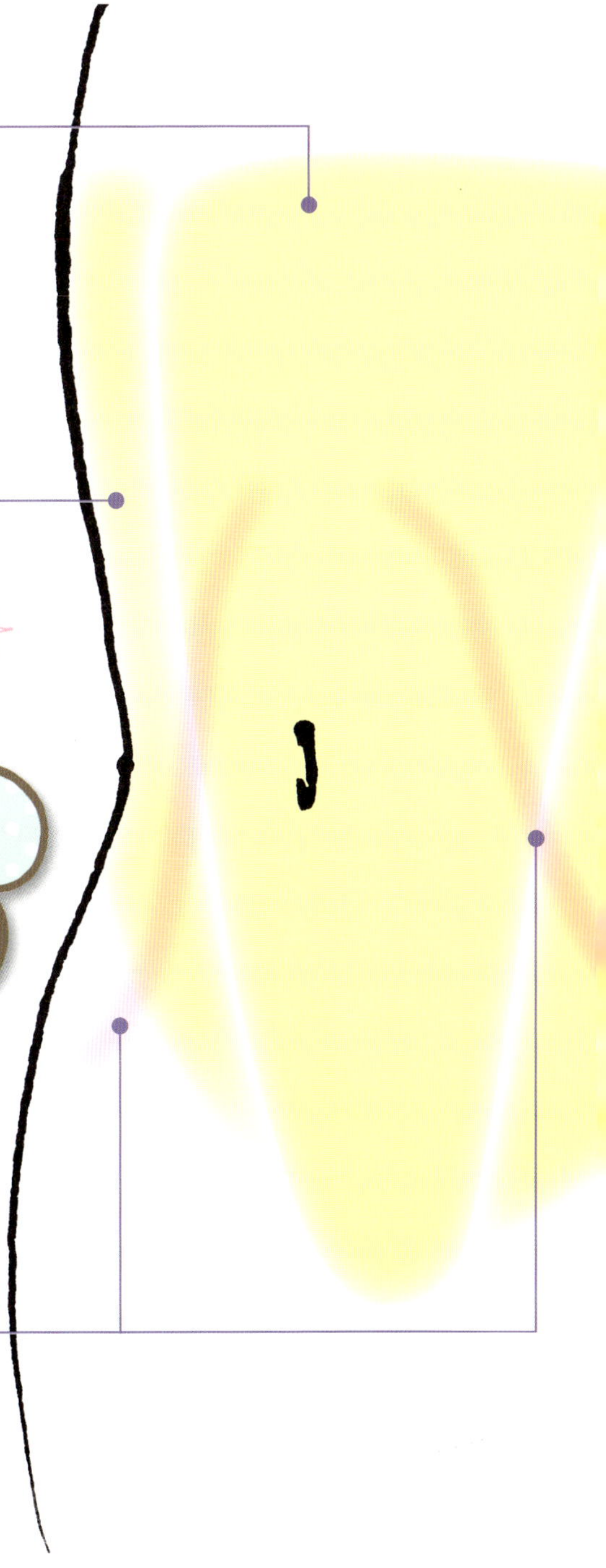

大腰筋

背骨と大腿骨をつなぎ骨盤を支える深部の筋肉（インナーマッスル）

Belly Exercise

レッグレイズ

手で負荷をかけながら ヒザを引き上げる

self-resistance
5回ずつ × 3セット

手をヒザの上に置き、そのまま下方に押しつけ負荷をかけながら、5秒ほどかけてヒザをゆっくりと持ち上げます。おろすときは逆に、脚の力で抵抗しながら手の力でゆっくりおろすイメージで。

1

左手と左脚で互いに押し合うように力を加える

大腰筋／腹筋下部

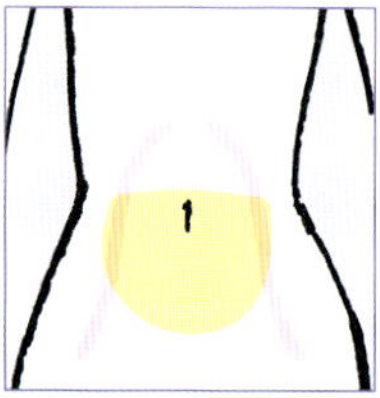

股関節屈筋としての大腰筋に負荷がかかる。大腰筋はおなかの奥の筋肉で、姿勢維持をはじめ、日常活動のほとんどの動作に関わる重要な部位。腹斜筋にも効く

応用編

アブクランチ(30ページ)とのコンビネーション

5回

5回
self-resistance
3セット

レッグレイズを片足ずつそれぞれ5回やったら、アブクランチを5回。ふたたびレッグレイズへ。アブクランチは腹直筋、レッグレイズはおなかの奥の大腰筋にも効くので、ふたつを組み合わせれば腹筋全体を鍛えることができます。

2

左手で左脚を下に押し付けながら、ヒザをゆっくり上げていく。ヒザをおろすときにも力は抜かず、ゆっくりと。5回おこなったら右手と右脚に交代する

上半身がぶれないように！
腹筋の力を利用して押しつける力を強くすれば効果UP

Belly Exercise

アブクランチ

ヒジを脇に引きつけながら、おへその上をのぞき込む

10回×3セット

上腕が太ももと並行になるようにしてヒジを曲げます。そこから、おへそをのぞき込むイメージで、上腕が脇から胸につくまでゆっくり曲げていきます。そのまま５秒静止したらゆっくり元のポジションへ。

1

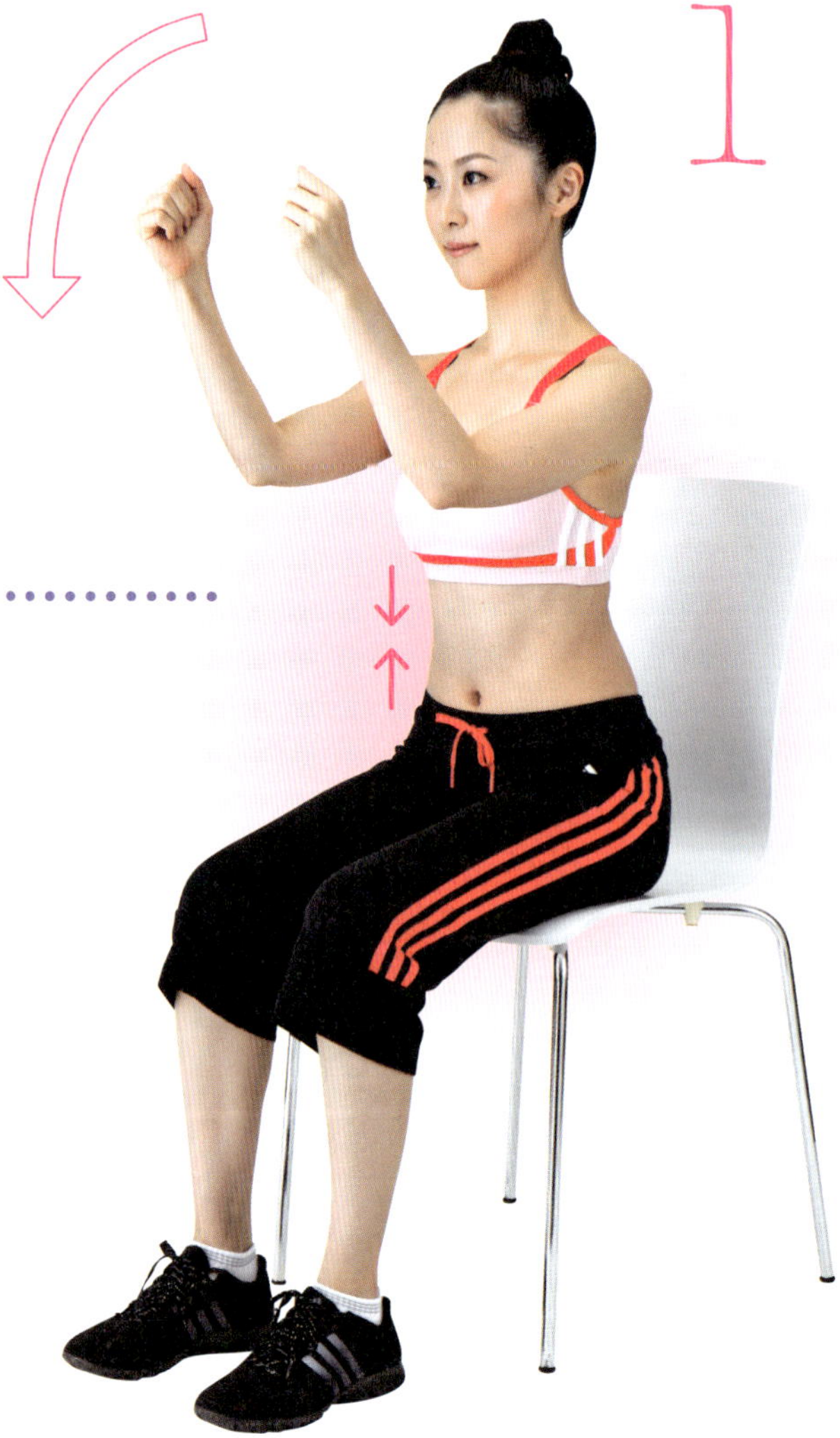

腹直筋

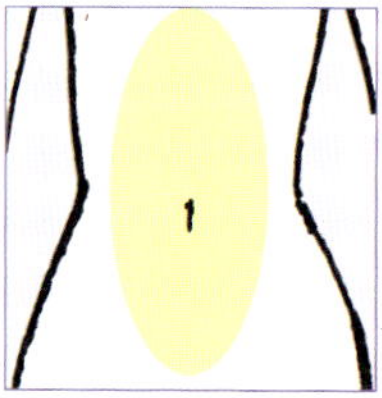

腹直筋はおなかの表面の筋肉

BAD!!
アゴを突き出さない
首だけ曲げても効果なし
腰から体を折らない

Focus

腕には力を
入れない
上腹部に力がこも
っていくイメージ
でおこなう

2

強めに息を吐きながら、腕を引き絞るように5秒ほどかけてヒジを体に寄せていく。同時に、おへそをのぞき込むつもりでアゴを引いていく

Belly Exercise

骨盤引き上げ

脚ではなく、骨盤全体を引き上げる意識で

self-resistance
5回ずつ × 3セット

レッグレイズの応用ですが、こんどはヒザではなく骨盤全体を引き上げていきます。お尻ごとひねり上げるイメージで。手で反対側のヒザを上から押さえるようにすると、負荷を増やすことができます。

できるだけ上半身が横に流れないように
お尻の脇を上方にひねりながら上げる。お尻が軽く浮く程度までは上げたい

大腰筋／腹斜筋

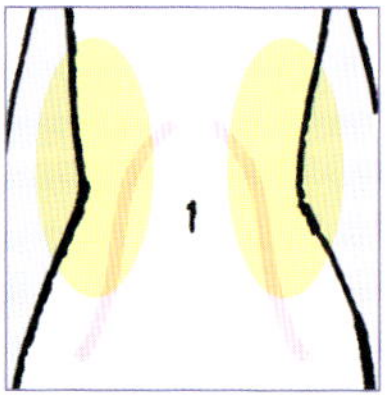

大腰筋に効く。腹斜筋への負荷もレッグレイズより期待できる

easy version

バランスをとるのが難しい場合は、ヒザへの負荷をなくして両手でイスをつかむ

5回ずつ
×
3セット

ふだんあまり使われないインナーマッスル「大腰筋」へ刺激が伝えられる。安定した体勢でエクササイズしやすい点が最大のメリット！

BAD!!

肩のラインを水平に保つ意識で

体が大きく傾いてはダメ

Focus

Belly Exercise

ヒップウォーク

足踏みをするように片側ずつお尻を上げ下げ

self-resistance
10歩×3セット

手をヒザの上に置いて下に力を入れ、上半身を動かさず、その場で足踏みをするように左右のお尻を上げ下げします。

1

体が横に流れないよう注意

大腰筋／腹斜筋

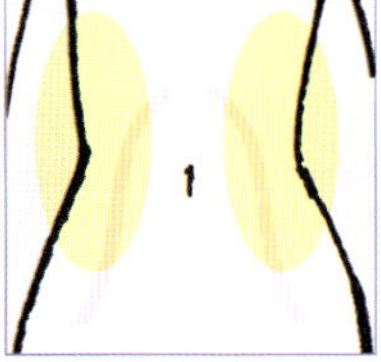

大腰筋のより深い部分および腹筋全体に効き、骨盤引き上げにより腹斜筋への負荷もさらに期待できる

easy version

イスの脇にしっかり両手でつかまって、同様にその場で足踏みをするように左右のお尻を上げ下げします。体が左右に流れにくく安定します。

2

手で負荷をかけながら、左右のお尻で交互に足踏みする

Belly Exercise

ドローイン

おなかをへこませ30秒！
呼吸は止めないこと

30秒×3セット

可能なかぎりおなかを強く引っ込め、その状態を30秒間キープ。歩きながらでもできるエクササイズです。腹腔内で下がり気味になった内臓が本来あるべき位置にだんだん戻ってきます。

1

腹横筋

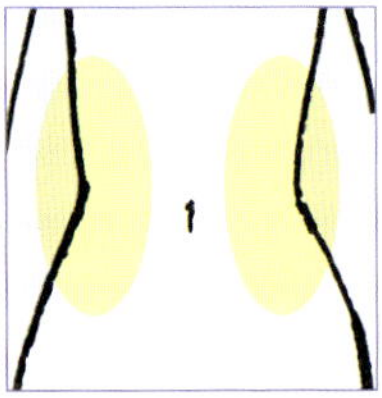

脊椎を支え、腹式呼吸を補助する腹横筋に作用。姿勢をよくし、上半身を安定させる効果あり。腹斜筋や脊柱起立筋にも間接的にはたらきかける

応用編

ドローインのバリエーション

後ろ手組みドローイン 30秒

背筋を利用してドローインをアシスト。左右の肩甲骨を寄せるイメージで

片足上げドローイン 30秒

体幹のバランスをとる必要があるため効果UP。左右で交互におこなう

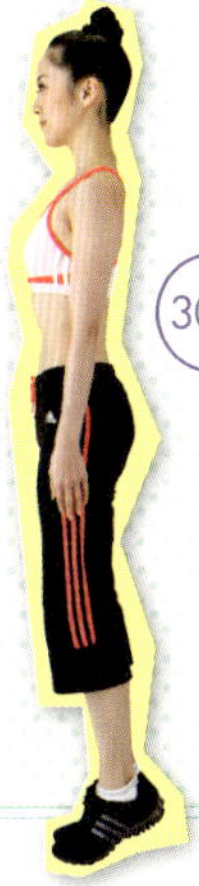

かかと上げドローイン 30秒

つま先立ちはぐらつきやすいため難易度が高い。お尻を絞るようにすればさらによい

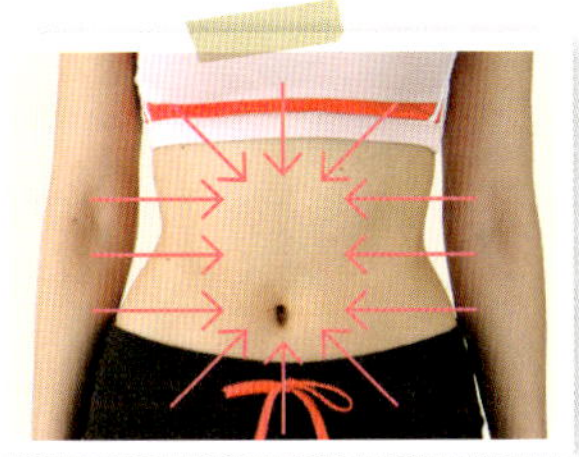

おなか全体を引っ込める

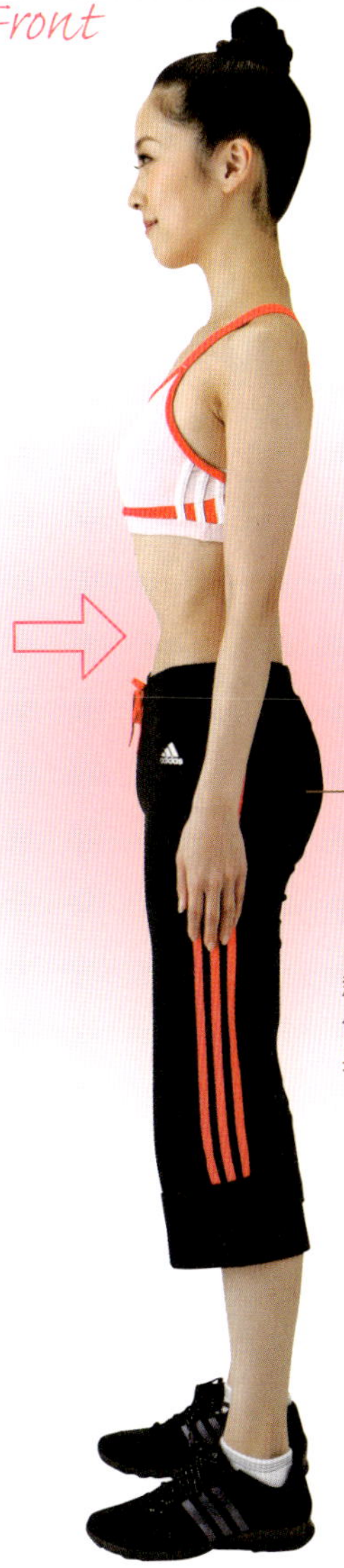

2 30秒

自然な呼吸を保ちながらおなか全体を引っ込める

お尻の穴を締めてドローインすると骨盤底筋群にもはたらきかけ、体調改善にもプラス効果が期待できる

column 02

筋トレを続ける価値

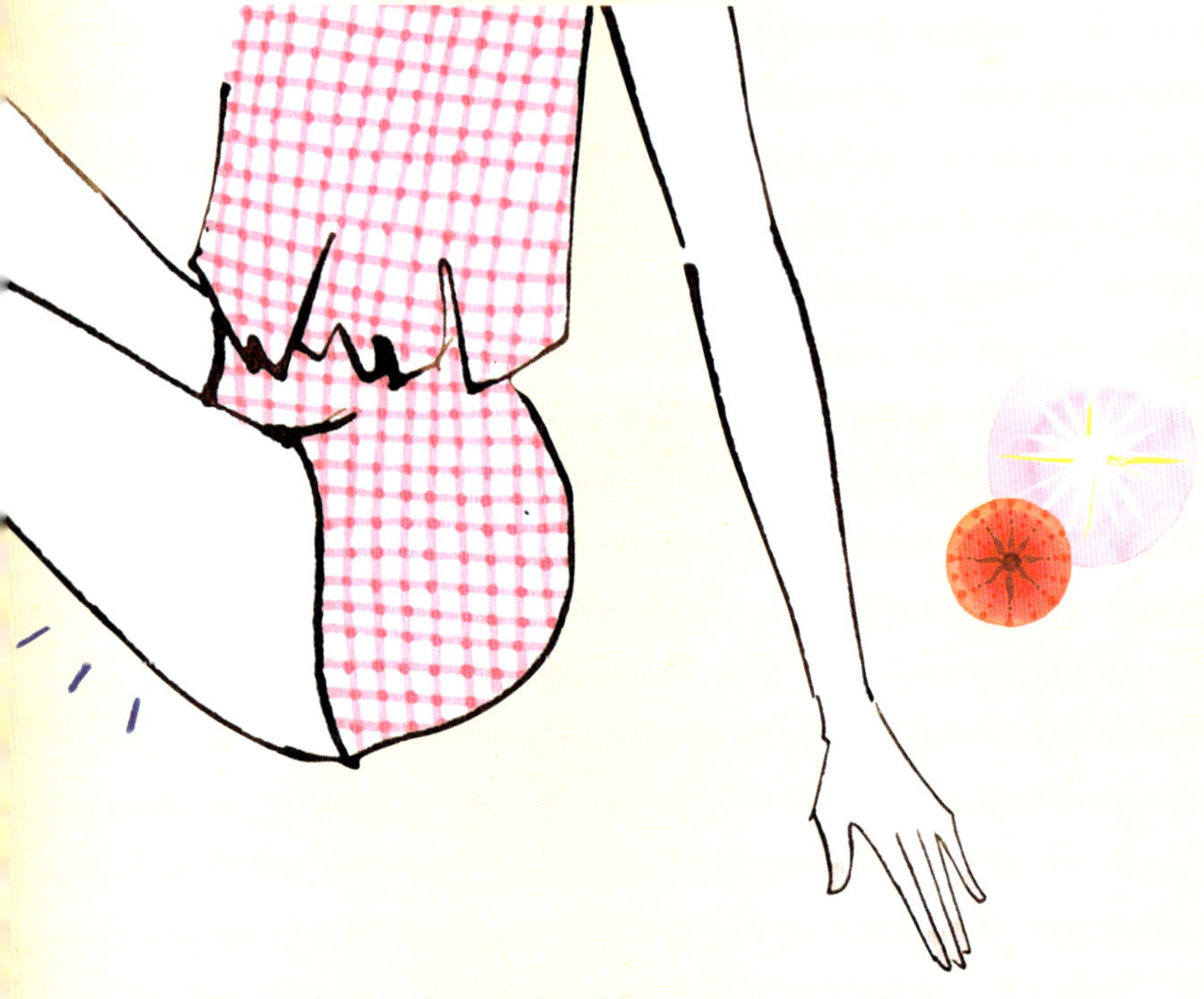

半年で15パーセントの筋力アップを達成したとしても、トレーニングをそこでやめたら、半年で元に戻ってしまうと考えるのが一般的です。

ただし、過去に運動をしてきたかどうかなどによっても、このペースはかなり変わってきます。10年間もトレーニングを続けていれば、その後やめたからといって、トレーニングを始めたばかりのときのように半年ですっかり元の状態に戻ってしまうということはありません。

仮にいったん挫折してしまっても、遅くないうちにふたたびトレーニングを始めれば、ゼロからの再開ということにはなりません。中止する前のレベルにまで戻るのは意外と早いものです。

だから、すぐにすべてを放り出し

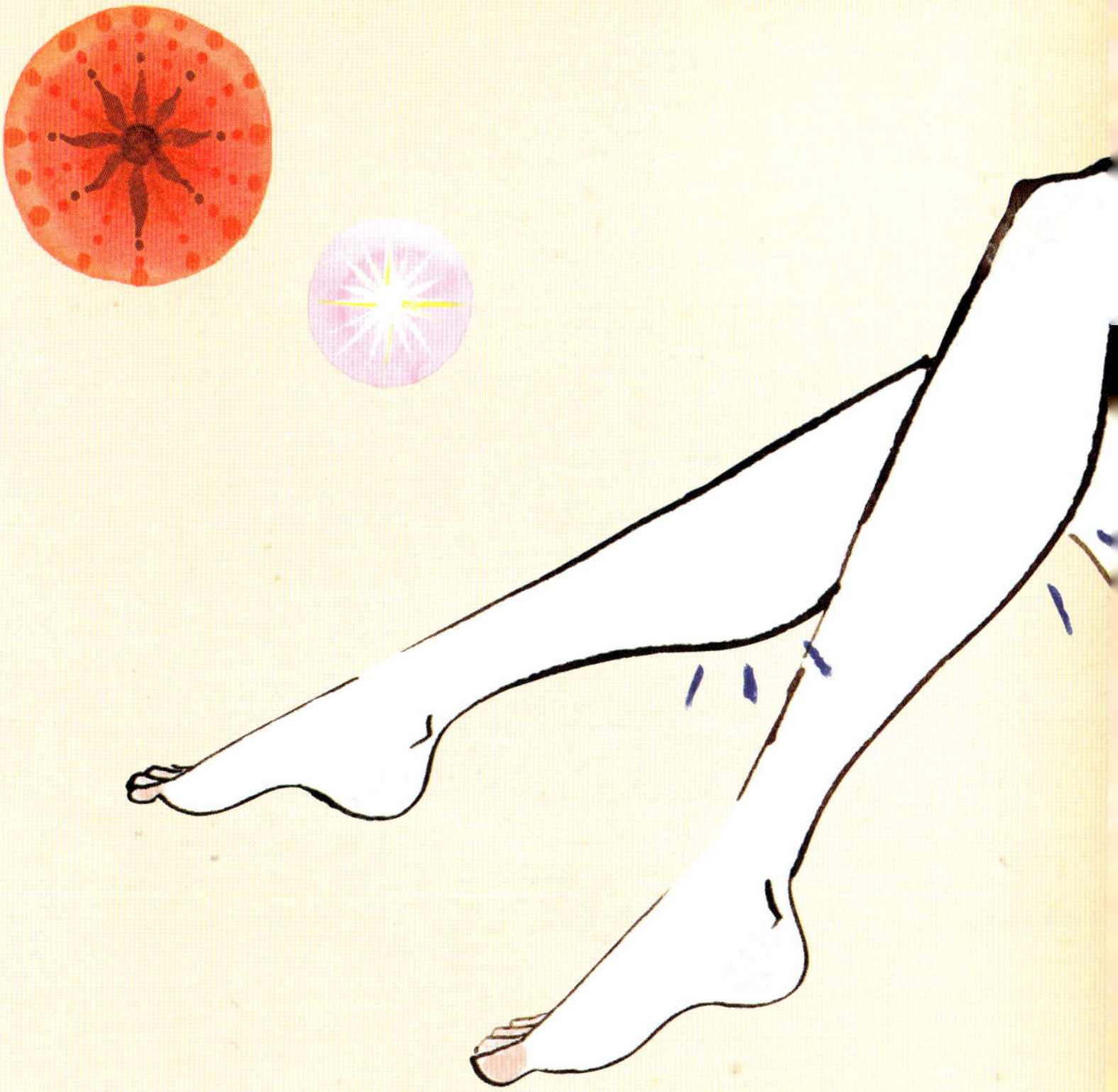

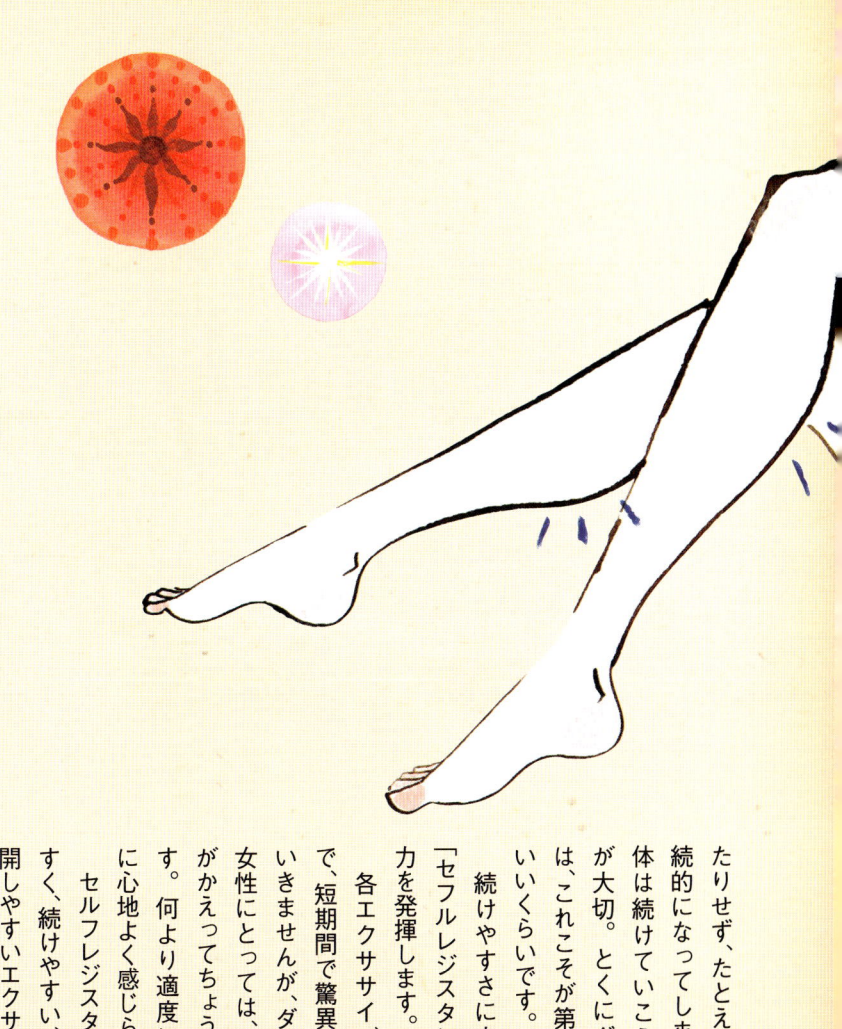

たりせず、たとえトレーニングが断続的になってしまっても、筋トレ自体は続けていこう！　という姿勢が大切。とくにダイエットの場合は、これこそが第一条件と言ってもいいくらいです。

続けやすさに大きな特長のある「セフルレジスタンス」が、そこで威力を発揮します。

各エクササイズの負荷が軽いので、短期間で驚異的な筋肉増強とはいきませんが、ダイエットをめざす女性にとっては、このくらいの負荷がかえってちょうどいいともいえます。何より適度に筋肉を使うと体に心地よく感じられます。

セルフレジスタンスは、取り組みやすく、続けやすい、また中断しても再開しやすいエクササイズなのです。

脚のエクササイズ

Legs Exercise

大腿四頭筋

太ももの前面の筋肉。大腿直筋、外側広筋、中間広筋、内側広筋から成り立つ

脚の筋肉を鍛えていくと、
「美脚」が育まれるだけでなく、
全身の血流が向上し代謝も
効率的に高まっていきます

下半身には全身の筋肉の
70パーセントが集中！
脚部の筋肉を鍛えることは、
体全体の代謝を上げることに
つながります。足どりも軽くなり、
出歩くのも楽しくなるはずです。

ハムストリング
太もも後方の筋肉の総称。大腿四頭筋とは、拮抗筋（「屈曲」に対する「伸張」のように互いに反対の動きをする筋肉）の関係にある
腓腹筋
いわゆる「ふくらはぎ」。ヒザ下後ろ側の表面に位置する二頭筋
ヒラメ筋
腓腹筋に覆われている扁平な筋肉。腓腹筋とともにアキレス腱につながっている
前脛骨筋
すねの筋肉。足首を足の甲側に動かす際にはたらく

Legs Exercise

レッグエクステンション&カール

左右それぞれの脚で抵抗をかけヒザの曲げ伸ばしをする

self-resistance
5回ずつ×3セット

足首の位置で両脚をクロスさせ、上になった脚で下側の脚に力をかけます。その力に抵抗しながら下側のヒザを伸ばしていきます。

1 レッグエクステンション

足先をクロスさせ、上になった足と下側の脚で押し合いながら、下側のヒザを伸ばしていく

ヒザが90度になるようにイスの高さを調節
足をイスの下にまで入れない

大腿四頭筋
ハムストリング

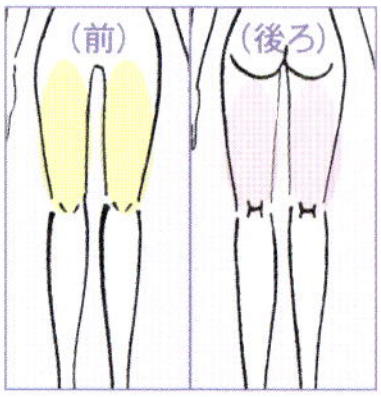

（前）
（後ろ）

エクステンションは太ももの前の大腿四頭筋、カールは太ももの後ろのハムストリングに効果あり。これらは歩行やヒザ関節の安定を支える

BAD!!

ヒザを伸ばしきると筋肉の力が
緩んでしまう場合がある

2 レッグカール

上側のヒザを曲げるときに、下側のヒザを伸ばすようにして、上側のヒザを曲げる動作に抵抗をかける

イスの両サイドに手を置いておこなうと、より楽。イスの背面に手をまわしてつかんでもよい
ジムのマシンでは、太ももの前（エクステンション）と後ろ（カール）をそれぞれ一方ずつしか鍛えられないが、このエクササイズでは同時に両方を鍛えられる
ヒザを伸ばす高さは45度まで
両足が押し合っている状態で

Legs Exercise

レッグアダクション＆アブダクション

内もも、外ももに効く 脚を上げての開き＆戻し

self-resistance 5回ずつ×3セット

手の力に抵抗しながら片脚ずつゆっくり開いていき、開き切ったところで3秒ポーズ。こんどは逆方向の手の力に抵抗しながら脚をゆっくり戻していき、3秒ポーズします。

1

ヒザの外側に手を当て中央に押す。そのとき脚は開く方向に力を入れる

開く側の足は浮かせる。これによって、お尻から太ももにかけての筋肉に刺激が加わる
約20センチ

2

3秒

脚が開ききったら3秒ポーズ。力は抜かないこと

外転筋（中殿筋他）
内転筋

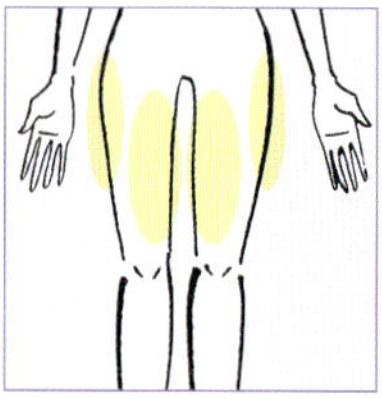

内転筋は内もも、外転筋は中殿筋、小殿筋等を含むもも外側の筋肉群

BAD!!
ヒジを曲げると背中が丸まりやすいので注意
ヒジを曲げない

3

3秒

ヒザの内側に手を当て外に押す。脚は閉じる方向に力を入れる。脚が閉じたら、手と脚それぞれの力を入れたまま3秒ポーズ

手の力に抵抗しながら、足裏を浮かせたまま脚を閉じていく

easy version

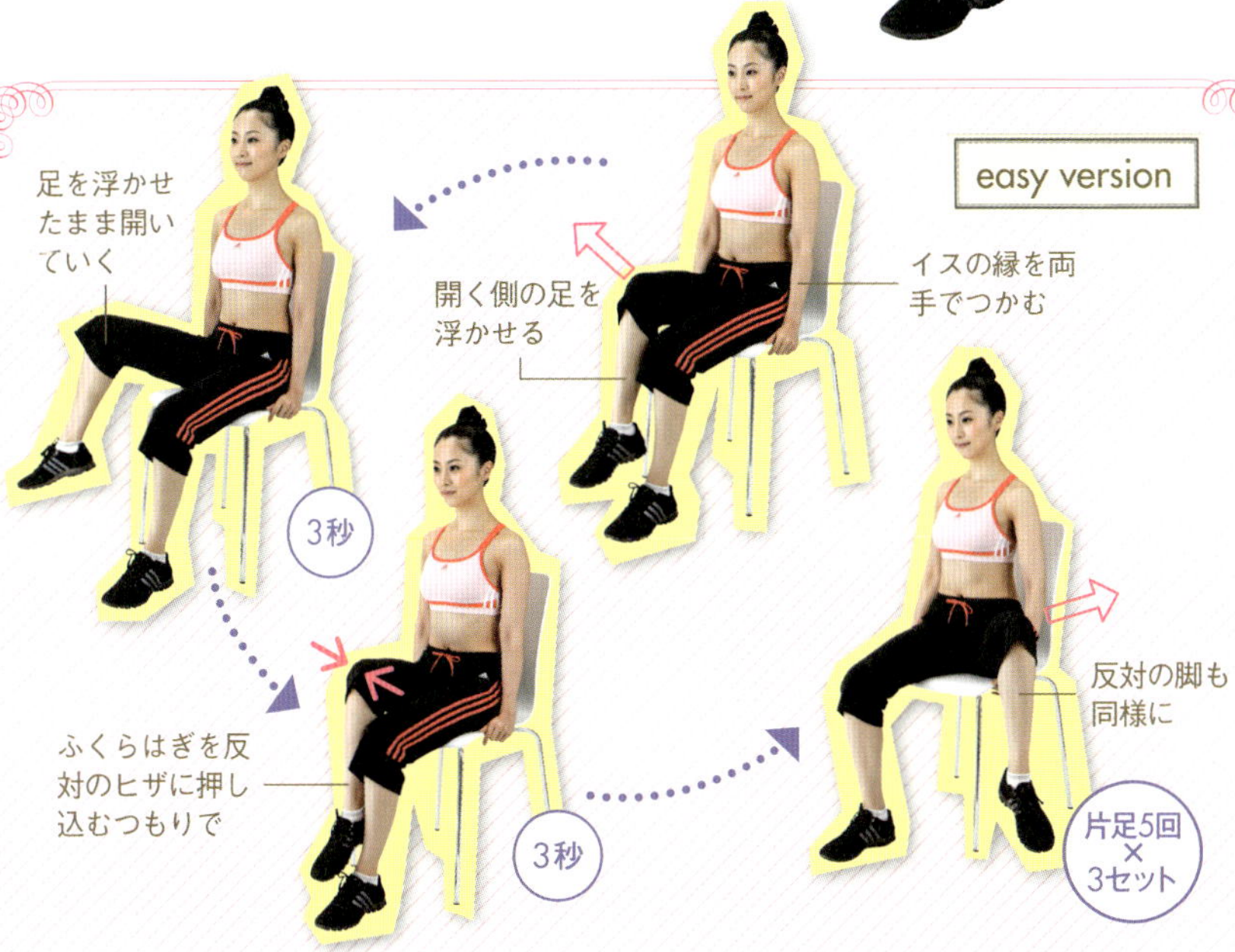
足を浮かせたまま開いていく
3秒
開く側の足を浮かせる
イスの縁を両手でつかむ
ふくらはぎを反対のヒザに押し込むつもりで
3秒
反対の脚も同様に
片足5回×3セット

手による抵抗はかけず、イスにつかまり脚のみでおこないます。片脚ずつゆっくり開き、開き切ったところで3秒ポーズ。そこからゆっくり戻して、ふくらはぎを反対側のヒザに押し込み3秒ポーズします。

Legs Exercise

ヒールレイズ

self-resistance
20回
×
3セット

両手を負荷にしながら、かかとを上げ下げ

かかとをゆっくり上げていきます。上げきったら、手の負荷をかけたまま降ろしていきます。

1

両手をヒザの上に置き、
下方に力をかける

ヒザは約90
度が目安

腓腹筋／ヒラメ筋

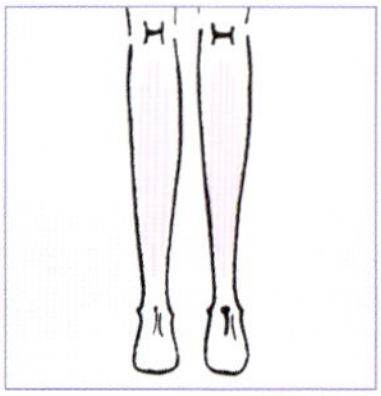

ふくらはぎのラインを形成する腓腹筋は、ヒザの屈曲にも貢献。腓腹筋を覆っているのがヒラメ筋で、起立時に下ももを支える

easy version

手による負荷はかけず（手はイスに添えるか太ももの上）、かかとだけをゆっくり上げ下げします。

20回
×
3セット

上半身が前後に揺れないように！

イスや壁などを片手で支えてバランスを取りながら、立った状態でかかとを上げ下げします。

20回
×
3セット

足をそろえ、体の力を抜いてグッと伸び上がるようにかかとを浮かせる

2

手の力に抵抗しながら、かかとをゆっくり引き上げていく

足の甲がすねと直線になるイメージで
ふくらはぎの筋肉を意識しながら
おろすとき、かかとは地面には着けず、わずかに浮いた状態に保つとより効果的

Focus

Legs Exercise

トゥレイズ

かかとを着けたまま、つま先を上へ引き上げる

20回
×
3セット

つま先を上げるエクササイズ。すねの筋肉を鍛えるうえで大きな効果が望めます。つま先を上げる力が減じると、段差でつまずいたりする原因にもなるため、習慣的におこないましょう。

手は太ももの
上でもOK
1
ヒザの角度は
120度くらい
脚は少し開いて

前脛骨筋

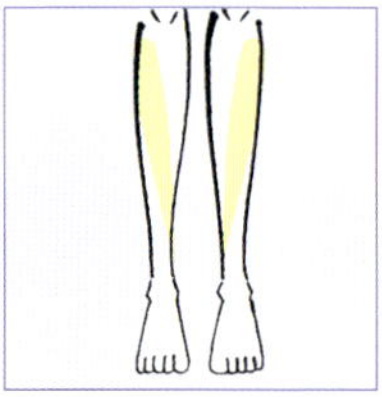

足首で腱につながるすねの筋肉。歩行時につま先を上げるはたらきをし、ヒザの屈曲も助ける

応用編

立っておこなうトゥレイズ

20回×3セット

ヒールレイズと同じく、イスにつかまったり壁に寄りかかったりしてバランスを取りながら、立った状態でおこなうことも可能です。

①体を支えたら軽く脚を開く
②つま先をできるだけ上げる
③床すれすれのところまでおろす

2

3秒

かかとを支点として、つま先をできるだけすねに引き寄せ、3秒ポーズ

つま先をおろすときはゆっくりと。できれば、床すれすれのところで止め、また引き上げる

Check it out!!

遅筋は「回数」で鍛える

ふくらはぎには、「遅筋」線維の多いヒラメ筋と、「速筋」繊維の多い腓腹筋があり、一方、すねの部分にある前脛骨筋は、やや遅筋線維が多いという特徴があります。これらのうち遅筋線維は直立姿勢を保ったり、バランスを取りながら歩いたりするために、日常生活のなかで絶えずはたらいています。

ふつう筋トレで鍛えるのは、大きな力を生み出す「速筋」がメインですが、遅筋もまた重要なターゲットです。速筋を鍛えるために必要なのは「負荷の大きさ」ですが、遅筋に必要なのは「回数」です。ここでは1セット20回としましたが、デスクワーク中心の方や中高年の女性は、30～50回やったほうがいいでしょう。1日3セットといわず、「スキあらば動かす」くらいの気持ちでトライしてほしいと思います。

Legs Exercise

スプリットスクワット

脚を前後に開いて腰を深く落としたら、元の位置に戻す

5回ずつ×3セット

脚を前後に開いておこなうスクワット。ふつうのスクワットよりハードなので、1セットだけでもかなりの達成感が得られます。軽めのメニューが多いセルフレジスタンスの合間にはさみこめば、よいアクセントとなるはずです。

1

片足を前に振り出す

腕は、前で組んでも腰や頭の後ろで組んでもOK。フォームが安定する位置で

※肥満傾向の強い方は自重負荷が大きくなるので、振り出す歩幅で負荷を調節しましょう

大腿四頭筋
ハムストリング

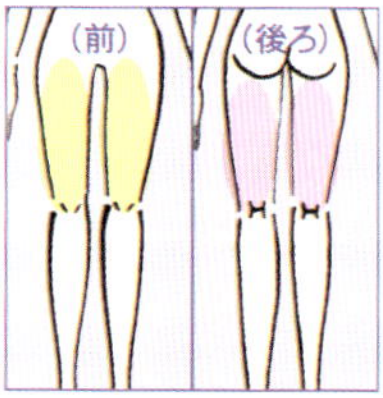

歩行や股関節の安定に重要なはたらきをする、太ももの前側と後ろ側の筋肉。これらを偏りなく鍛えることで下半身の安定が生まれる

BAD!!
ヒザは体の内側へ入らないようまっすぐに
背中を反らせない
前傾しがちなので注意
ヒザが内側に入らない

ハードなエクササイズなので、フォームをよくチェックし、正しい姿勢でおこなうこと
体は垂直に、視線はまっすぐ前に
脚を曲げたとき、ヒザが足より前方に出ないように
足をより遠くに踏み込めば負荷もUP

2

後ろ脚のヒザを地面に近づけるイメージで腰を落とす。少しずつヒザを伸ばし中腰まで戻していく

column 03

女性ホルモンとダイエットの関係

「筋トレなんかしたら、腕や脚がムキムキになっちゃう……」と不安に思う女性も多いかもしれません。

しかし、ほとんどの場合、そうした心配にはおよびません。なぜなら、ホルモンに男女差があるからです。

トレーニングによって筋肉の発達をうながすのは男性ホルモン。筋肉の質そのものには男女差はありませんが、ホルモンの出方は男女で異なるため、同じトレーニングでも筋肉へのはたらきかけがちがってきます。

また、筋肉をつくる栄養素はたんぱく質ですが、摂取したたんぱく質が筋肉へ変化するのを助けるのも男性ホルモンなのです。

ですから、女性が筋肉体型になるには、「男性ホルモンが多い」という生来の資質か、あるいは男性以上の努力が必要になります。負荷の軽い筋トレであるセルフレジスタンスでは、「筋肉ムキムキ」になることはありません。

それよりも気になる問題は、「エストロゲン」という女性ホルモンです。エストロゲンの多くは卵巣でつくられているのですが、じつは、脂肪細胞もエストロゲンをつくることがわかってきました。加齢で卵巣のエストロゲン生産が減りはじめると、これを減らすまいと脂肪細胞が増えてくるのです。

加齢とともに、筋肉より脂肪が目立ちやすい理由はここにもあるのです。

女性がダイエット目的でトレーニングをする場合、むしろ少しハードなくらいがいいともいえます。負荷が比較的軽く、続けやすいというメリットを持つセルフレジスタンスに、50ページのスプリットスクワットなどの筋トレを組み合わせながらエクササイズを進めていければ、効果はより高まるでしょう。

腕のエクササイズ
Arms Excercise

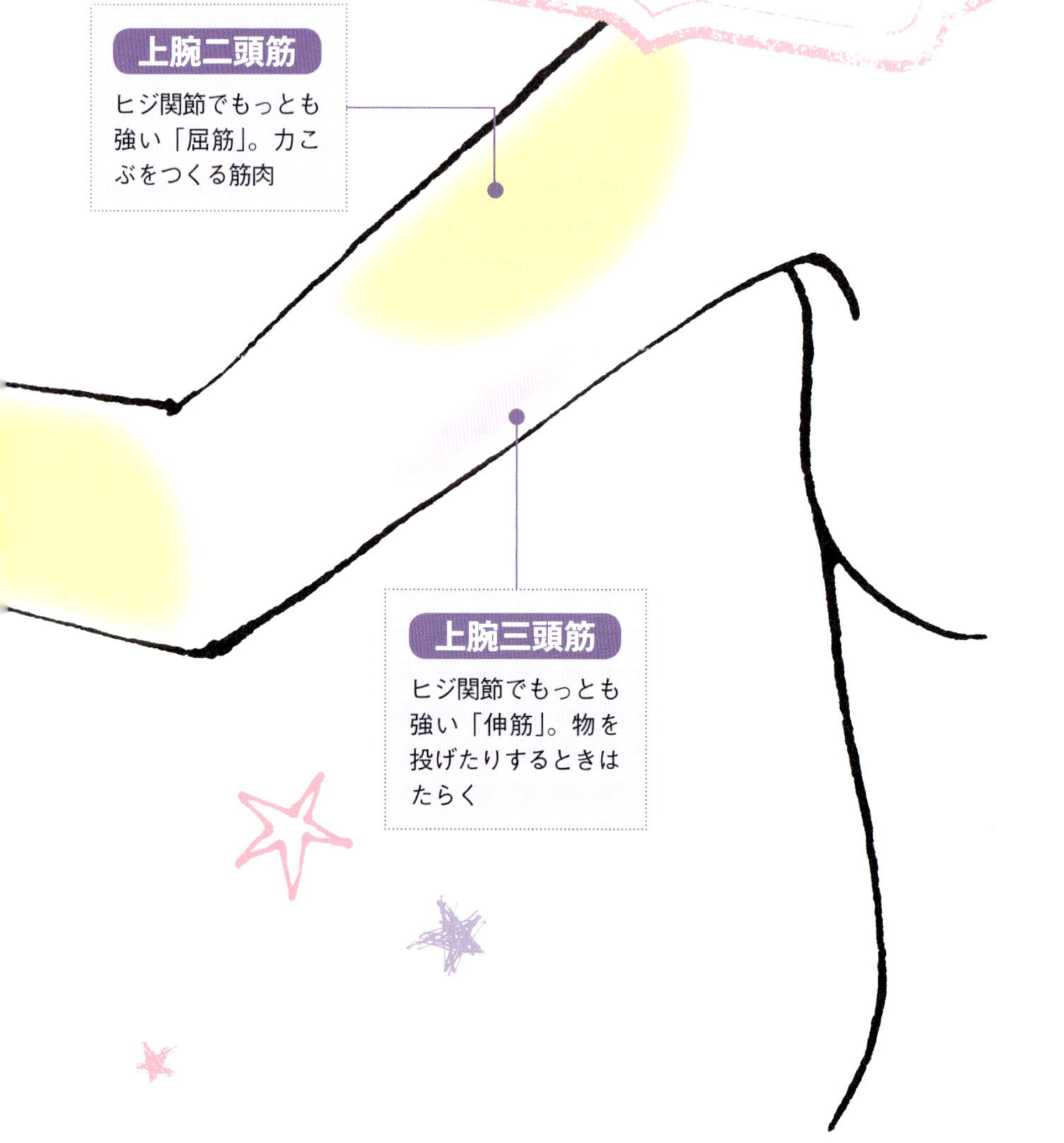

上腕二頭筋
ヒジ関節でもっとも強い「屈筋」。力こぶをつくる筋肉
上腕三頭筋
ヒジ関節でもっとも強い「伸筋」。物を投げたりするときはたらく

ノースリーブも笑顔で着られる
ゆるみのないキレイな二の腕をめざしましょう。
自分で確認しやすい部位だけに、
エクササイズの効果を実感しやすいはずです。

掌屈筋群
ヒジから先の筋肉は、主として手のひらや指を動かす

上腕二頭筋と上腕三頭筋は、
典型的な拮抗筋の関係にあります。
この関係をうまく利用した
エクササイズで、たるんだ上腕部に
さよならしましょう!

Arms Exercise

アームカール

反対側の手首に手を置き、負荷をかけながら持ち上げ、押し下げる

self-resistance
各5回×3セット

手の力を抵抗にしておこなうヒジの曲げ伸ばし運動です。手が胸につくくらいまで下側の腕を曲げたら、こんどは下側の腕を抵抗にして、ゆっくり降ろしていきます。

立っていても座ったままでもラクにできる

1

それぞれの手を直角に重ねる。手のひら同士でも、両手とも上向きに(甲と手のひら)重ねてもOK

Front

上腕二頭筋
上腕三頭筋

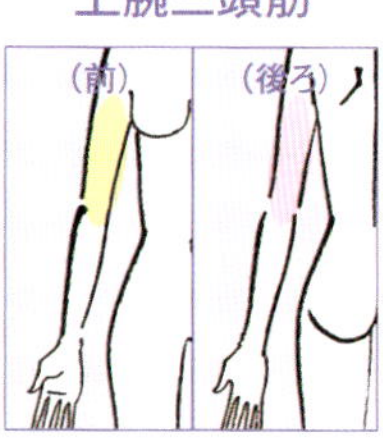

「力こぶ」をつくる上腕二頭筋はヒジ関節の中でもっとも強い屈筋。逆側にある上腕三頭筋は、投げたり押したりする際に力を発揮する伸筋

BAD!!
ヒジの位置が上がったり、前方へスライドしないように

2

上側の手は下へ押しつけるように力を加え、下側の手はそれに抵抗しながら上へ曲げていく

Focus

切り返しの際にも力を加えつづけ、滑らかに動かすこと

曲げ伸ばしする腕は体側に固定する
Front

曲げるときは上腕二頭筋が、伸ばすときは上腕三頭筋が鍛えられる

Arms Exercise

グーパー

立っていも座っていも
歩きながらでもグーパー。
両手のひらを開いて閉じて

50回以上

手のひらを閉じたり開いたり、グーパーをくり返すだけの簡単エクササイズ。前腕（ヒジから先）の筋肉および手の筋肉に効果が望めます。負荷を問う運動ではなく、回数を多くおこなうことがポイント。

1

立っていても座っていてもOK

ヒジを曲げた状態でおこなうと比較的ラク

手を大きく開いてはしっかり閉じるのくり返し

掌《てのひら》屈筋群等

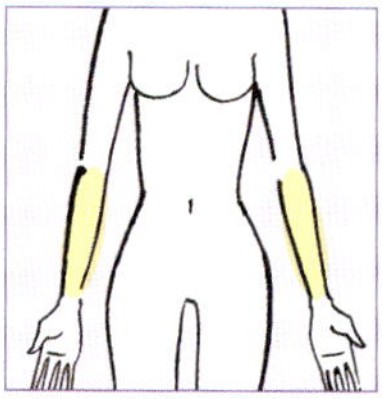

前腕にある浅指屈筋、深指屈筋、尺側手根筋などは、手や指を動かす筋肉につながっている。手の中にある筋肉群は指の繊細な動きを助ける

応用編

ヒジ伸ばしグーパー

50回以上

腕をピンと伸ばしてグーパーをおこないます。ヒジを伸ばした状態でおこなうと、三角筋や上腕の筋肉にも効果があらわれます。

2

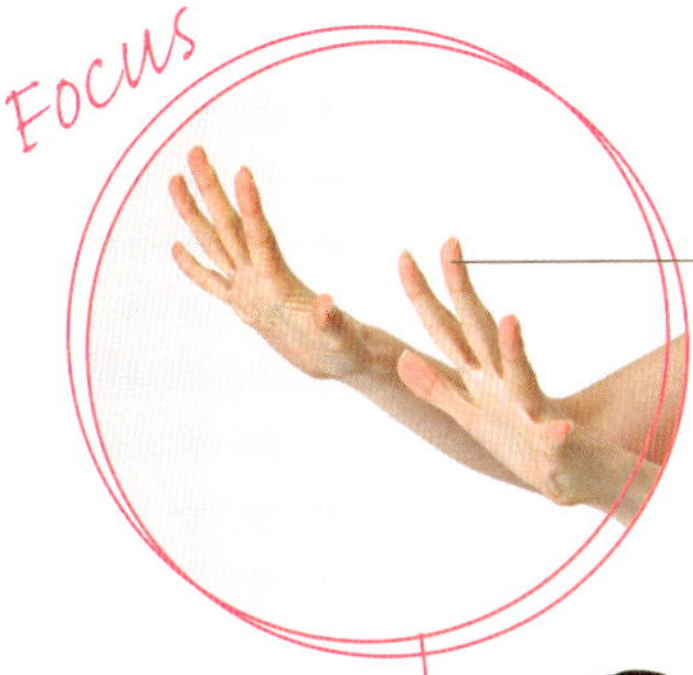
Focus

五本の指がしっかりと開くように

できるだけ素早くグーパーすること。スピードを上げると、意外なほど筋肉に効いているのがわかります

指先の素早い運動が脳を刺激し、頭もスッキリしてくる

column 04

30秒ずつでOK！

標準的なセルフセジスタンスは、最大筋力のおよそ40パーセントの力で1セット5〜10回を45〜60秒かけておこないます。これを3セットできれば理想的です。

セット間インターバルもそれなりに必要ですから、全体で1パートあたり5分程度の時間が必要になります。しかし、どうしても5分の時間が取れない、またはもっと手早くおこないたいという方は、筋肉への負荷を強くすればいいのです。

最大筋力の65パーセントの強度なら、1セット18〜30秒でOK。これで、40パーセントの強度で1セット45〜60秒をおこなうのと同等の効果が得られます。なお、最大筋力の65パーセントとは、なんとか30秒間続けられるくらいの負荷です。それ以上の時間、楽にエクササイズができるようなら65パーセント未満の負荷になっている可能性が大です。

どうしても時間をつくれないという方は、最大筋力の65パーセントの力で30秒、1セットだけおこなってください。あとの2セットは、その場で続けておこなわなくても大丈夫。ちょっとしたヒマを見つけたら30秒、一日のあいだに1セットずつ、こまめにエクササイズしていただければOKです。

セルフレジスタンスの強度と必要な運動時間

運動強度 （最大筋力に対する割合）	運動時間 （動きとポーズを含めて）
40～50パーセント	45～60秒
60～70パーセント	18～30秒

バストのエクササイズ

Bust Exercise

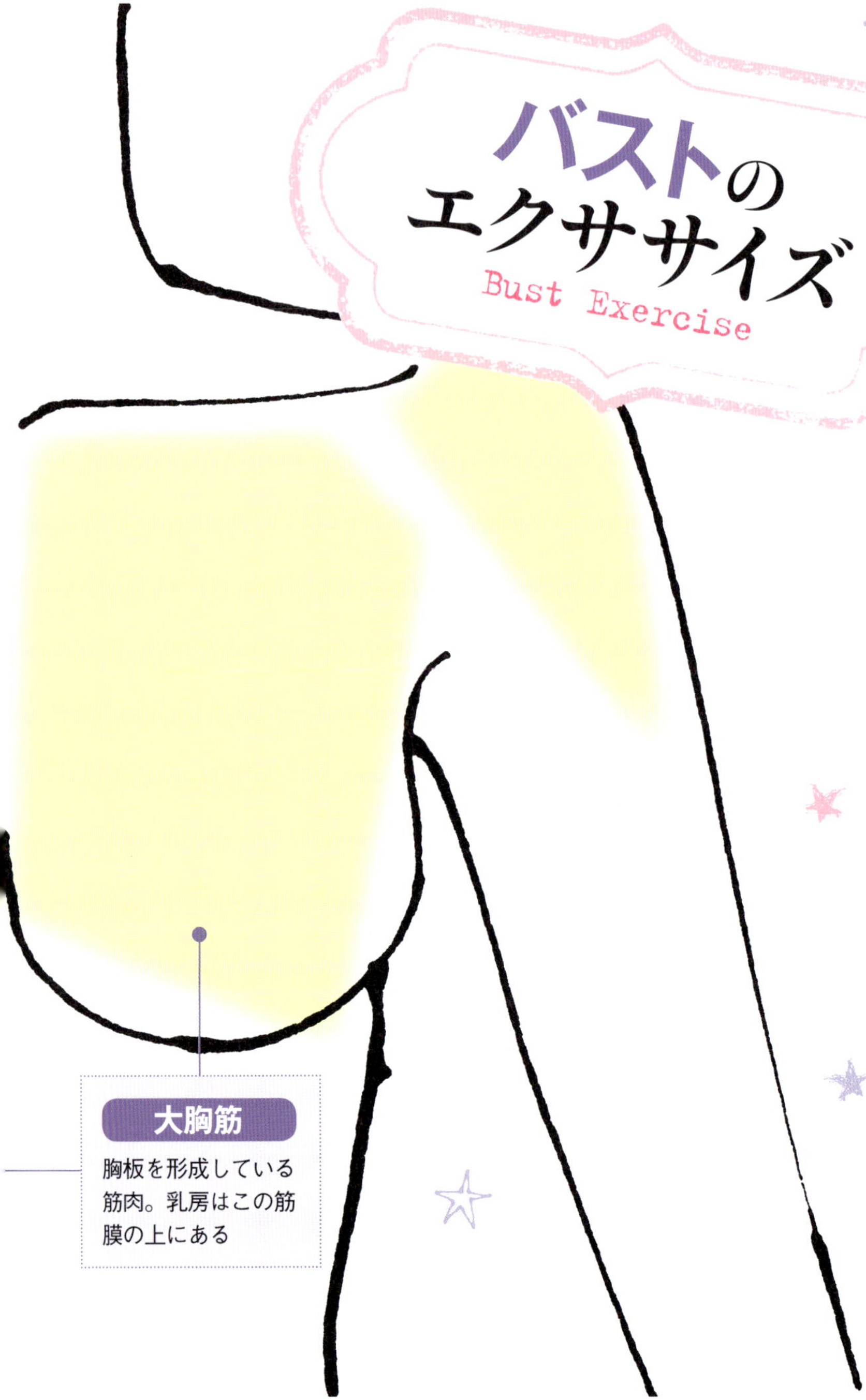
大胸筋
胸板を形成している筋肉。乳房はこの筋膜の上にある

バストは大胸筋の膜の上にあります。
大胸筋をうまく鍛えれば、
バストアップも期待できます！

三角筋

肩を覆っている筋肉。肩関節のすべての動きに対応してはたらく

大胸筋の真ん中と三角筋の後部、
大胸筋の下部と三角筋の
真ん中あたりは、ひとつの動作で
それぞれが補完しあうはたらきをします。
この関係をうまく利用して
エクササイズをおこないましょう

パームプッシュムーブ

self-resistance
5往復
×
3ポジション
×
3セット

手のひらを合わせ押しあいながら、ヒジごとゆっくり左右に動かす

拝むポーズで互いの手を押し付けつつ、ヒジごと左右に動かします。腕の高さを3つのポジションに変えることで、大胸筋全体に刺激をあたえます。

どれも8秒間で左右を1往復。正面から、右にイチ、ニィ→そこから正面までサン、ヨン→そのまま左にゴォ、ロク→そこから正面までシチ、ハチ

1st Position

バスト全体をUP

前腕を水平に保ち、胸の前で手を合わせる。両側から押し付けあい、そのままヒジごと左右に動かす

2
1
3
胸の筋肉を使っていることを意識して
背筋を伸ばして
体は正面を向けたままねじらないように

大胸筋／三角筋

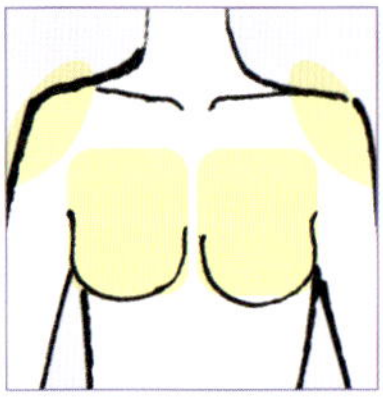

大胸筋はいわゆる「胸板」を形成している胸部表層の筋肉。肩の三角筋も刺激を受ける

2nd Position
バスト下部をUP

おへその高さで手のひら同士を90度または180度にして押し付けあう

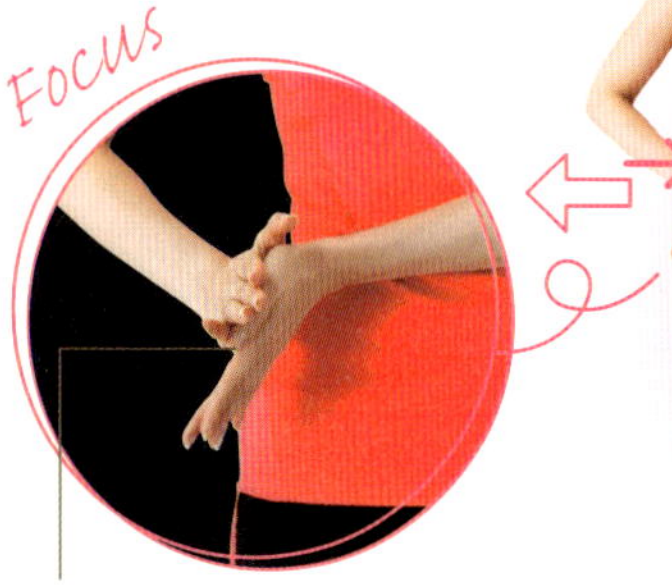

両手の重なりが90度

座っておこなってもOK

3rd Position
バスト上部と三角筋をUP

肩の位置でおこなうときは、難しければヒジから先が水平にならなくてもOK

Bust Exercise

パームプッシュラウンドムーブ

手のひらを押しあいながら、ヒジで大きな円を描く

self-resistance
各1回×3セット

パームプッシュムーブの応用です。手を押し付けあい、円を描くように動かします。手のポジションがまんべんなく変わるため、バスト全体の引き締めとボリュームUPに寄与します。逆回りもおこないます。

1周8秒を目安にして
1
体の正面で手を押し付けあう
2
両手を頭上に上げていく
3
頭上を始点として、時計の針になったつもりで、ヒジごと腕で弧を描いていく
左右から押す腕の力がゆるまないよう意識して、つねに力を入れたまま、ゆっくり動かしつづけること
呼吸は止めずに！血圧の上昇を防ぐために呼吸は重要

大胸筋

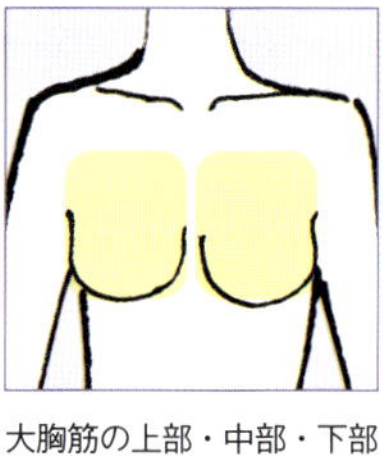

大胸筋の上部・中部・下部を過不足なく鍛えることができるため、効率的にバストアップを図れる

4
5
6
7
8
9
頭上までもどったら、逆回りも同様に

肩の
エクササイズ

Shoulder Exercise

肩関節は可動域の広い部位で、
肩の筋肉もそれだけ複雑な動きに
対応してはたらきます。僧帽筋は、肩こりの
原因となりやすい筋肉でもあります。

僧帽筋

僧侶の帽子に似た三角形の筋肉。首と肩の頂点と背骨の下部を結ぶ平べったい形状が特徴

肩を覆うようについている
三角筋と、背面の首、肩、背中を結ぶ
僧帽筋は、お互いのはたらきを
助け合う関係にあります

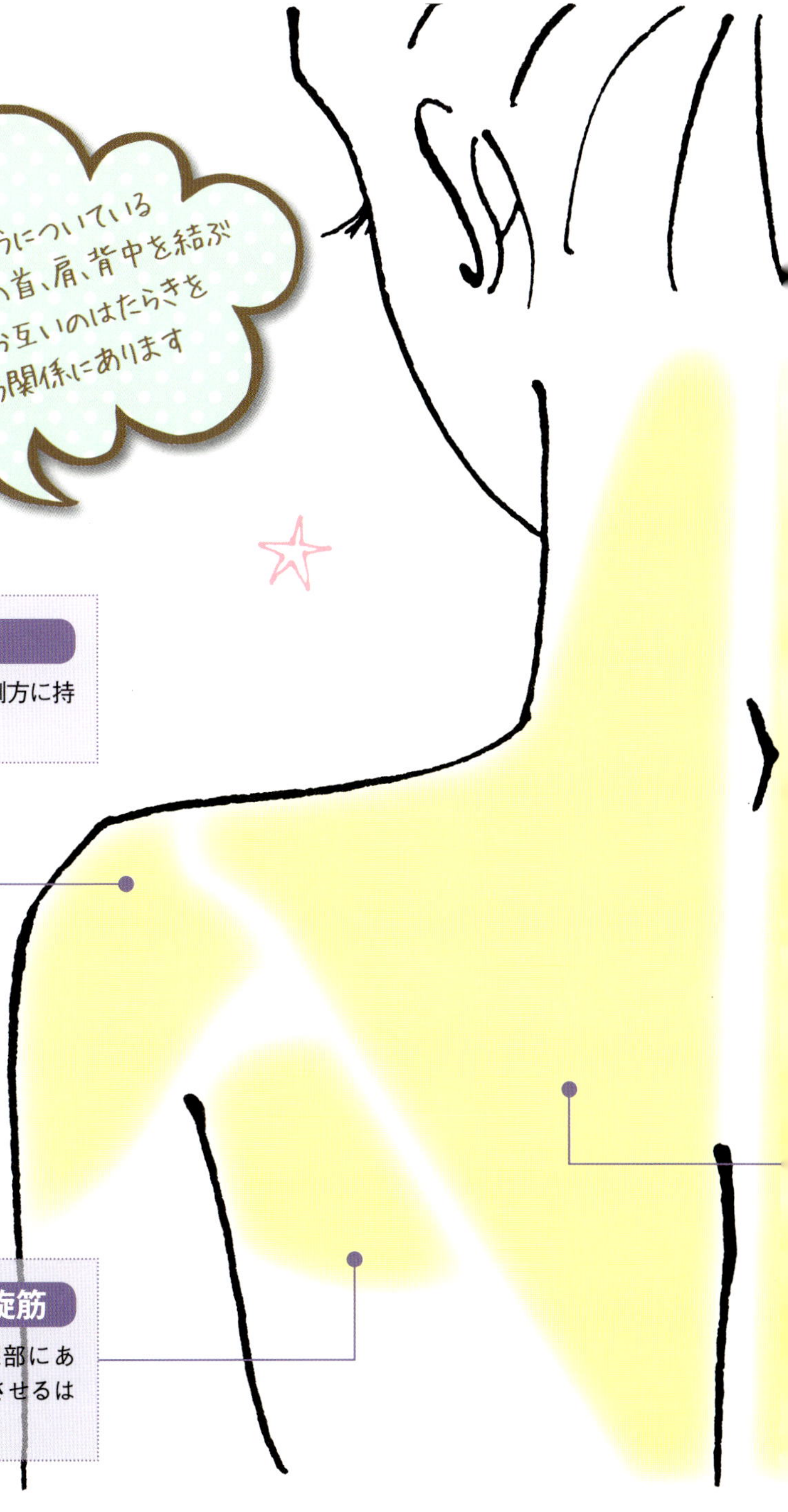

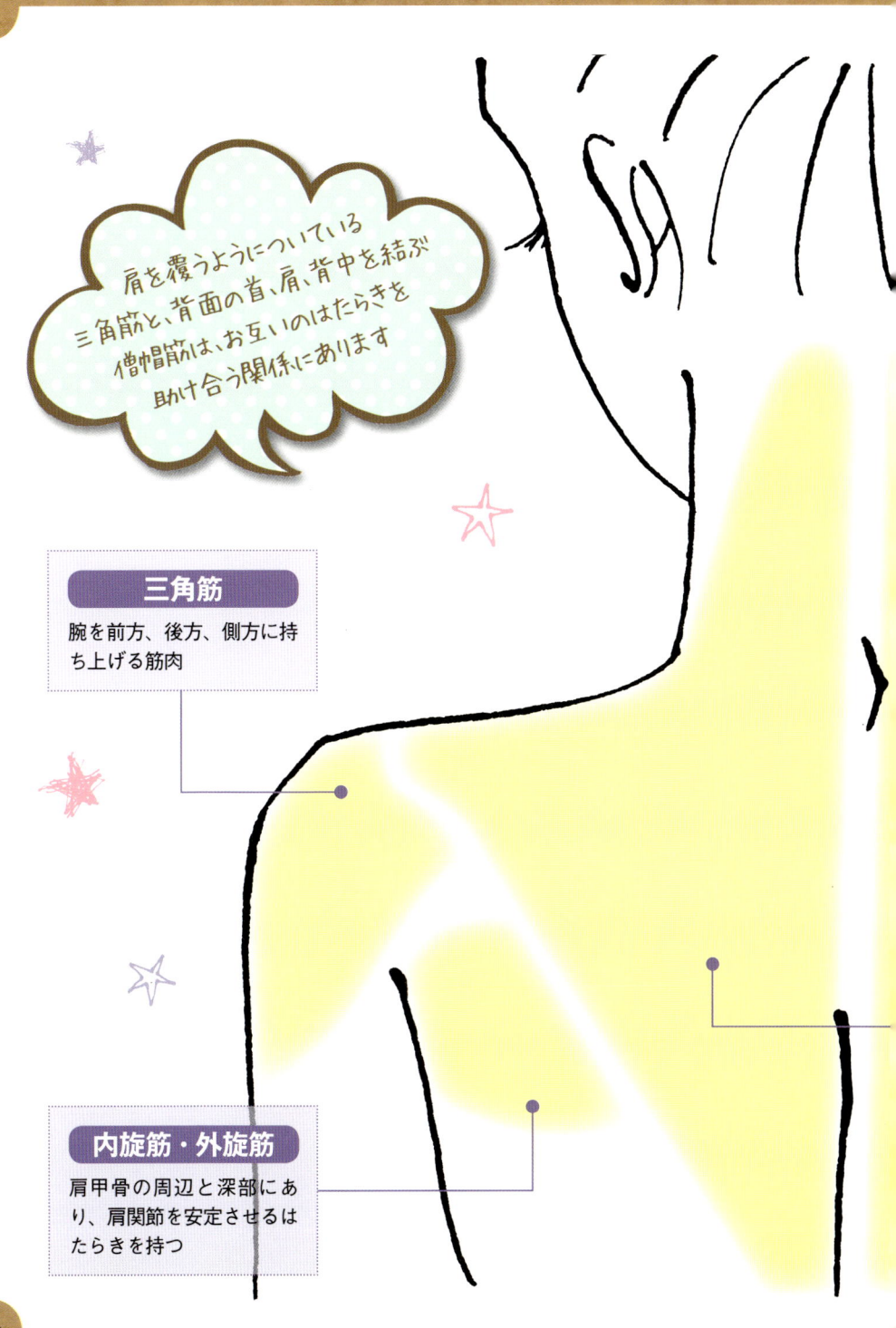

三角筋

腕を前方、後方、側方に持ち上げる筋肉

内旋筋・外旋筋

肩甲骨の周辺と深部にあり、肩関節を安定させるはたらきを持つ

Shoulder Exercise

パームプルムーブ

両手を組んで互いに外側へ引き合いながら、ヒジごとゆっくり左右に動かす

self-resistance
5往復
×
3ポジション
×
3セット

両手を鍵のように組んで左右に引っ張りあいながら、ヒジごと左右に動かしていきます。上腕、肩、背中の筋肉に効きます。

どれも8秒間で左右を1往復。正面から、右にイチ、ニィ→そこから正面までサン、ヨン→そのまま左にゴォ、ロク→そこから正面までシチ、ハチ

1st Position
ミドルレンジ

前腕を水平に保ち、胸の前で手を鍵状に組み、両側に引っ張りあいながらヒジごと左右に動かす

座っておこなってもOK

2
1
3
胸の筋肉を使っていることを意識して
背筋を伸ばして
体は正面を向けたままねじらないように

僧帽筋／三角筋他

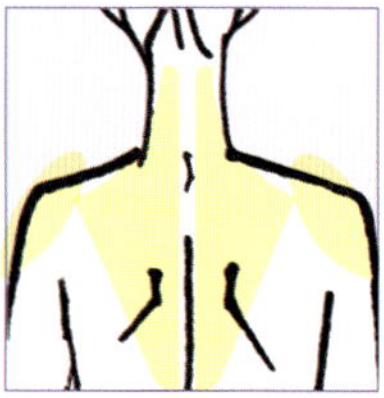

上腕二頭筋、三角筋後部、僧帽筋などを同時に鍛えることができる

2nd Position

ローレンジ

おへその高さで手を鍵状に組み、両側に引っ張りあいながらヒジごと左右に動かす

1

2

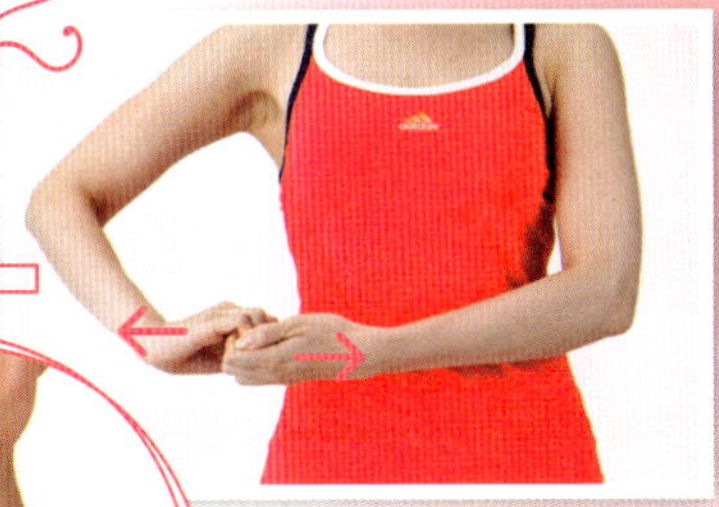

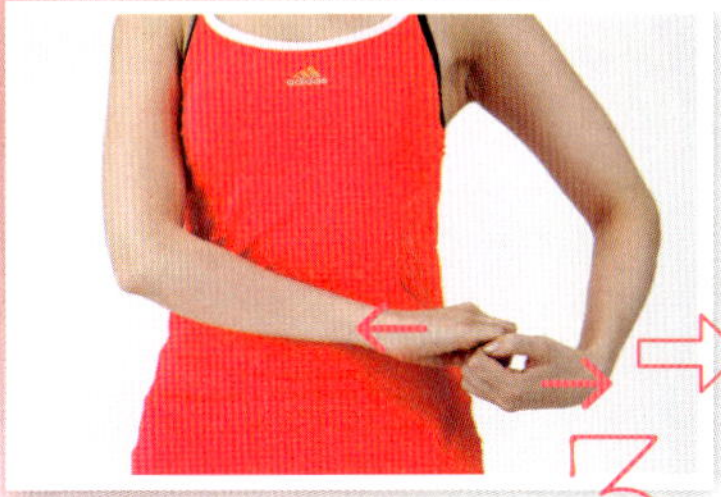

3

FOCUS

手は鍵のように組む

1

3rd Position

ハイレンジ

顔の高さで手を鍵状に組み、両側に引っ張りあいながらヒジごと左右に動かす

2

3

Shoulder Exercise

アップライトロウ

下向きにした手を重ね、負荷をかけながらヒジごと上げ下げする

self-resistance
各5回×3セット

肩や背中の筋肉を鍛えるウエイトトレをアレンジしたもの。両手を下向きにして重ね、押しあわせながらヒジごと上げ下げします。左右の手を入れ替えて各5回。肩の強化に加え、大胸筋UPも期待できます。

1

手を上下に重ね合わせ、上に置いた手は下へ、下側の手は上へ向かって力を加える

2

肩の位置は動かさず、息を吐きながらヒジを引き上げる

重ねた手ではなくヒジを上げる意識で

三角筋／大胸筋

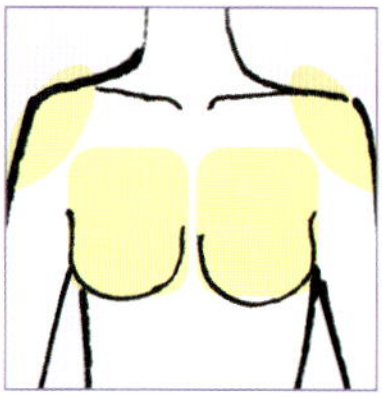

上側の手は大胸筋、下側の手は三角筋や僧帽筋の筋力UPにつながる。手の上下位置を交代することでバランスよく鍛えられる

BAD!!
肩をすくめると筋トレ効果が出ない
ヒジが手より下がってはいけない

ヒジは顔の高さまでしっかり上げること

3

上がりきったとき、手よりヒジが少し上の位置にあるように

4

力を入れたまま、息を吸いながらゆっくりヒジを下げていく

Focus
指を伸ばして、手のひらは開いた状態にする

Shoulder Exercise

シュラッグ

ヒザ裏をつかんで両肩をぐっとすくめるだけ！

self-resistance
20回×3セット

肩の僧帽筋上部を鍛える筋トレです。イスに座ってヒザの裏をそれぞれの手でつかんだまま、力を抜いた状態から両肩を引き上げます。そのまま3秒ポーズしてから、肩を下に降ろします。

1

両肩をすくめるように引き上げる

ヒジを張り、背中は丸めない
気持ち前傾姿勢に
脚をしっかりと持つ

僧帽筋

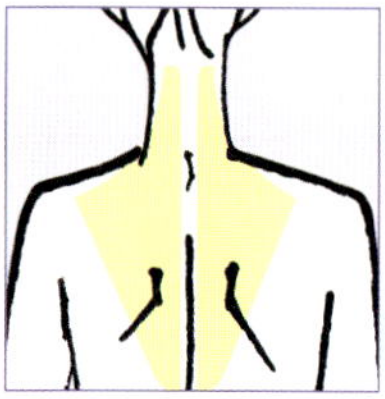

肩先を頂点に、首から頭、背中の中央にかけて広がる三角形の筋肉。はたらきは上部、中部、下部で異なる。シュラッグで鍛えるのは肩甲骨を持ち上げる上部

easy version

両手に同じ重さのペットボトル（中身が入った状態）などを持って負荷を高める工夫をしてもグッド！

肩こり解消にも効果あり

10回×3セット

両腕をまっすぐ下に垂らしたまま力を抜いて立ち、両肩を引き上げます。そのまま3秒ポーズしたら肩を下に落とします。

BAD!!

片方だけ引き上げないように

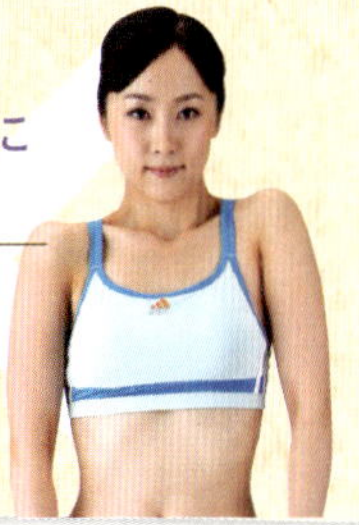

両肩が同じ高さまで上がっているか、一度鏡で確かめるとよい

2

3秒

そのまま3秒ポーズしたら、両肩をストンと下に落とす

Shoulder Exercise

アームツイスト

両腕を横に伸ばし、手のひらを互いちがいに回転させ、ひねる

10回×3セット

筋トレというより、腕と首をひねるエクササイズと理解したほうがいいかもしれません。ストレッチやマッサージを受けた後のような気持ちよさが感じられ、肩こり解消にも効果があります。

【両側を向いて1回とする】

1

腕を水平に伸ばす。片方の手のひらは上に、片方は下にし、手のひらが上になる方向に顔を向ける

回数を制限せずに、気分にまかせて何度やってもOK

肩の内旋筋・外旋筋

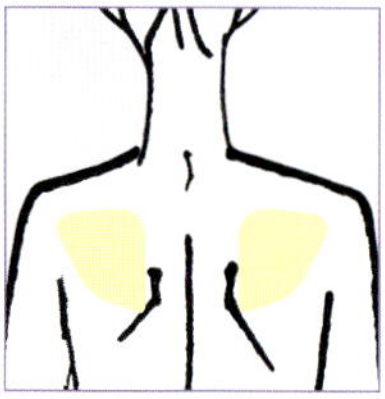

棘下筋、棘上筋、小円筋は上腕を外回りにねじる外旋筋。肩甲下筋、大円筋は内回りにねじる内旋筋。これらの血流が滞ると肩こりを引き起こしやすい

応用編 ペットボトルを使っても

10回 × 3セット

500ミリリットル入りのペットボトルなどを両方の手に持つなど、同じ重さのものを左右の手に持ってもOK。こうすると、筋力はよりUPします。

腕は水平を
保つこと
肩から回す
イメージで

2

上を向いていた手のひらをひねって一回転させ、下を向いていた手のひらも上向きになるようひねる。顔は手のひらが上になるほう（反対側）を向く。あとは、左右の腕を交互にひねるくり返し。顔が両側を向いて1回とする

column 05

トレーニングに飽きない工夫

どんなトレーニングでも、基本的には同じ動作のくり返しです。

だから、飽きがきやすい。

たしかにそういう一面はあります。

これはメンタル面だけでなく、フィジカル面にも起こります。

「筋トレが仕事」ともいえるボディビルダーでさえ、同じトレーニングばかり続けるとメンタルな飽きがきますし、体が慣れてしまうため筋力や筋量が伸びず、惰性で続けるような状況になります。

この落とし穴は避けたい。

では、飽きや慣れを防ぐにはどうすればいいのでしょう?

もっとも効果がある方法は、エクササイズのメニューを随時変えていくことです。セルフレジスタンスは、生活の一部に溶け込んでいるのが最高の状態ですが、だからこそエクササイズ・メニューの選択には、日々変化をつけていきましょう。

いつもはやっていないエクササイズを折に触れて取り入れたり、パームプッシュとパームプルを両方おこなっている人なら、その順番を入れ替えるだけでも、体にとって新しい刺激になってくれるはずです。

背中のエクササイズ

Back Exercise

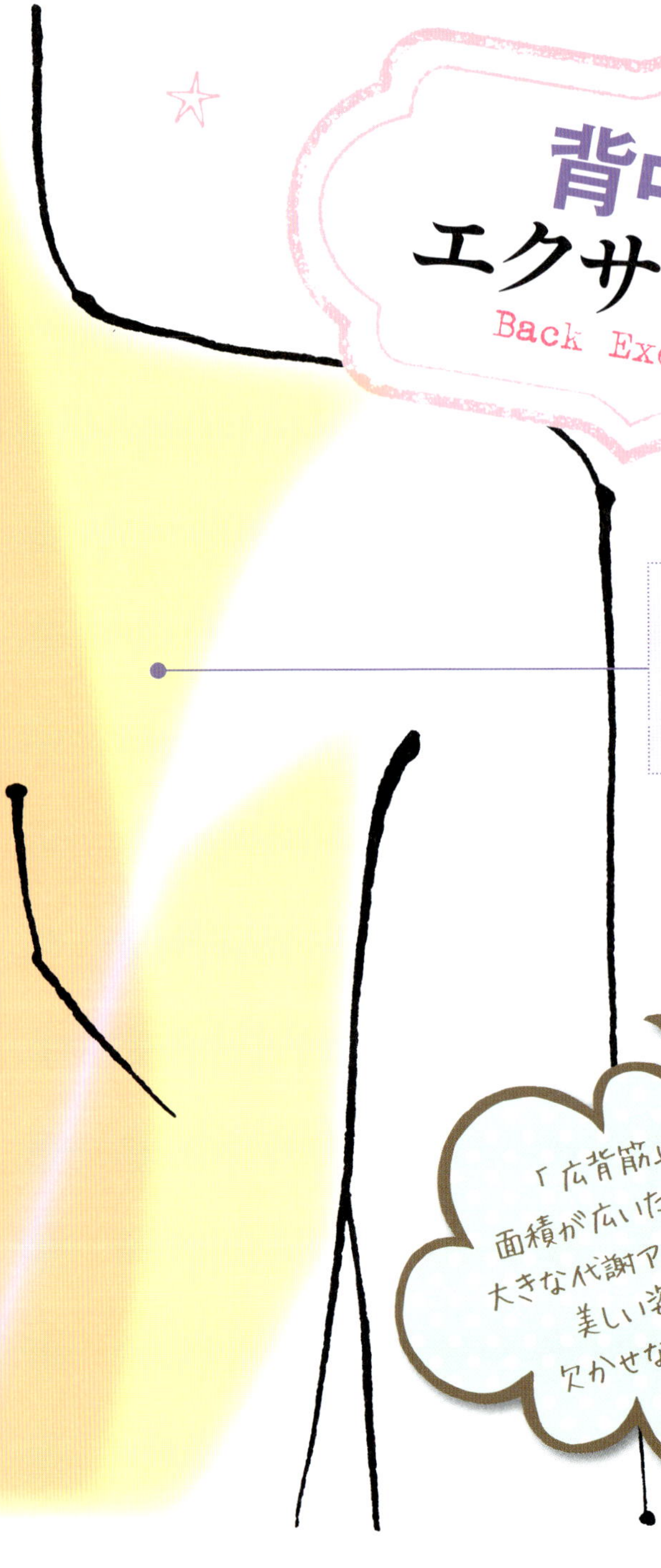

僧帽筋

首、肩、背中を結ぶ三角形の扁平な筋肉。肩こりの主要な原因となる

「広背筋」「僧帽筋」は
面積が広いため、ここを鍛えれば
大きな代謝アップが期待できます。
美しい姿勢を保つために
欠かせない筋肉でもあります

背筋は年齢の影響を受けやすい筋肉のひとつ。
シュッとした背中。優美に浮き上がる肩甲骨。
背中は、自分では見えない場所だけに気にしたい、
「美」の重要スポットです。

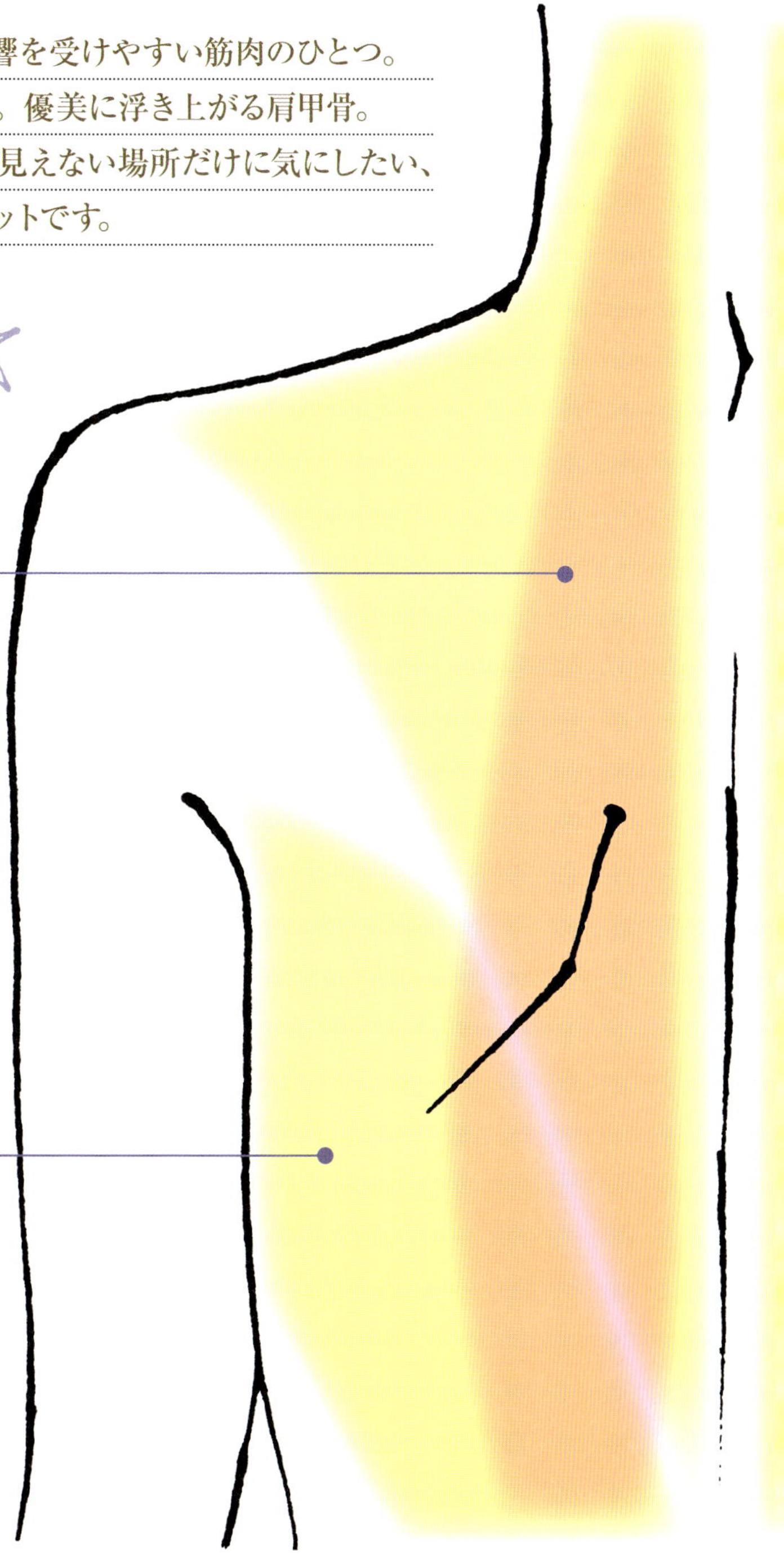

脊柱起立筋

背中の深部で脊柱を支える筋肉群。加齢によって衰えやすい抗重力筋

広背筋

人体の中でもっとも面積の広い筋肉。腕を後ろに引く動作時にはたらく

Back Exercise

ベントオーバーロウ&グッドモーニング

広背筋／脊柱起立筋
僧帽筋

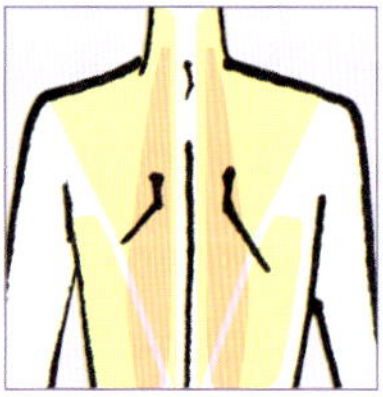

広背筋はもっとも面積の大きな筋肉で、腕を後方、下方に引くときの主力筋。脊柱起立筋は背中の深部にあり脊柱を支える重要な筋肉群

ヒザ裏に回した手で負荷をかけながら上半身を前に倒し、引き上げる

self-resistance
10回×3セット

ヒザ裏またはイスの座面脇をしっかりつかみ、ヒジを後方に引っ張りながら上半身を落としていきます。そして、ゆっくりヒジを伸ばしながら上半身を元の位置に引き上げます。

1

ヒジを体に付けながら
後方に引き上げる

脚を手で
しっかり
つかむ
Back

2

3秒

3秒ポーズしたら、ヒジを
伸ばしながら元の位置へ

Focus

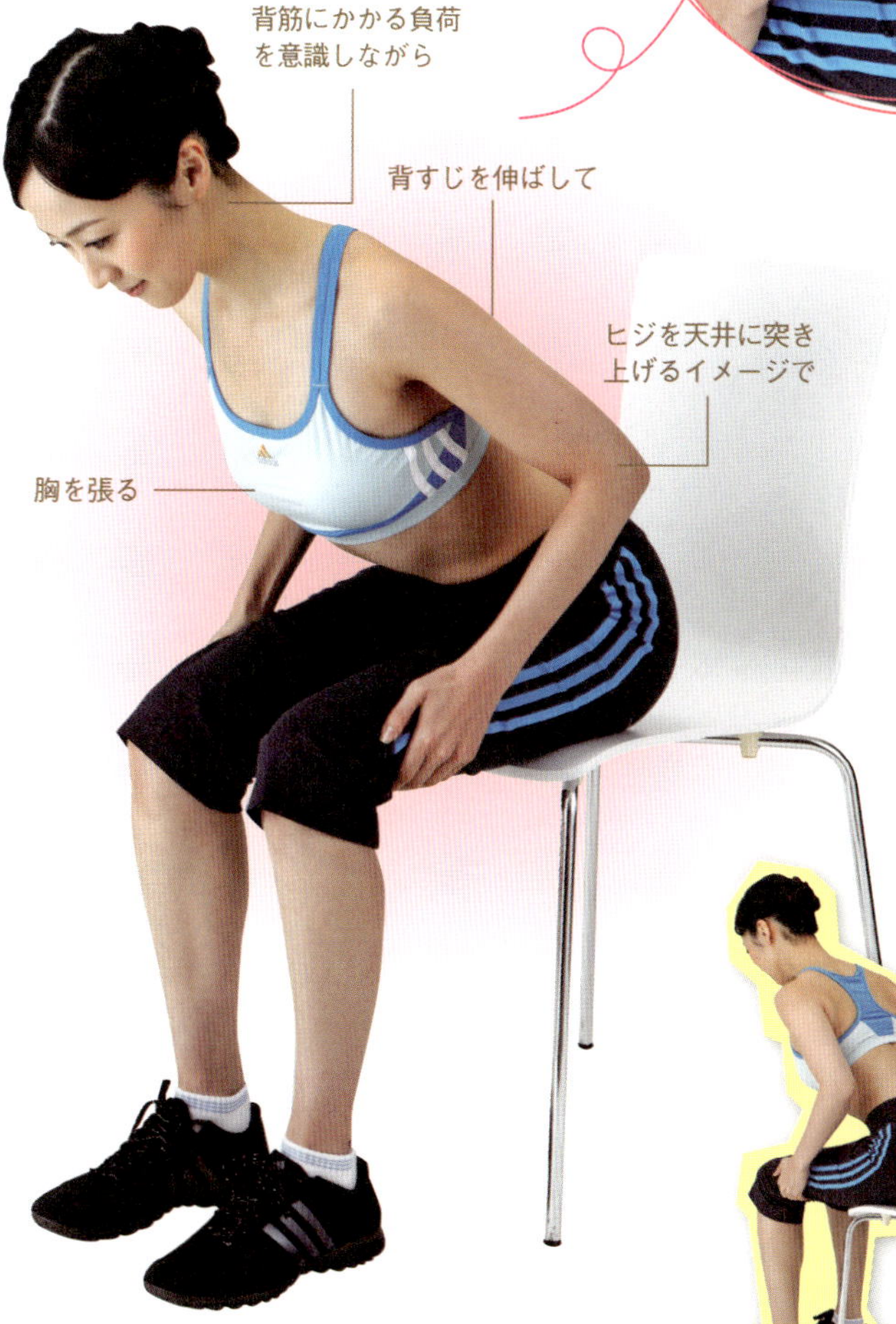
背筋にかかる負荷
を意識しながら
背すじを伸ばして
ヒジを天井に突き
上げるイメージで
胸を張る

背すじが伸び
るので気持ち
がいい！
Back

ヒップのエクササイズ

Hip Exercise

キュッと引き締まったお尻はすべての女性の憧れ。
エクササイズはもちろん、つねに階段を使うなど、
日常からお尻の筋肉を意識して使いましょう。
お尻は筋肉量も多く、代謝アップの優等生です。

小殿筋

中殿筋の奥にある筋肉。横に踏み出すときに強くはたらく

お尻の筋肉は、エクササイズ
している人とそうでない人とで
見た目にはっきりと差が出ます。
セルフレジスタンスで
素敵なお尻になりましょう

大殿筋

お尻の表面にある大きな筋肉。脚を後ろに蹴るときにはたらく。年齢とともに緩みやすい

中殿筋

大殿筋の奥にある筋肉。歩行時、脚を上げた側のお尻が下がらないように支え、直立時には骨盤を支える

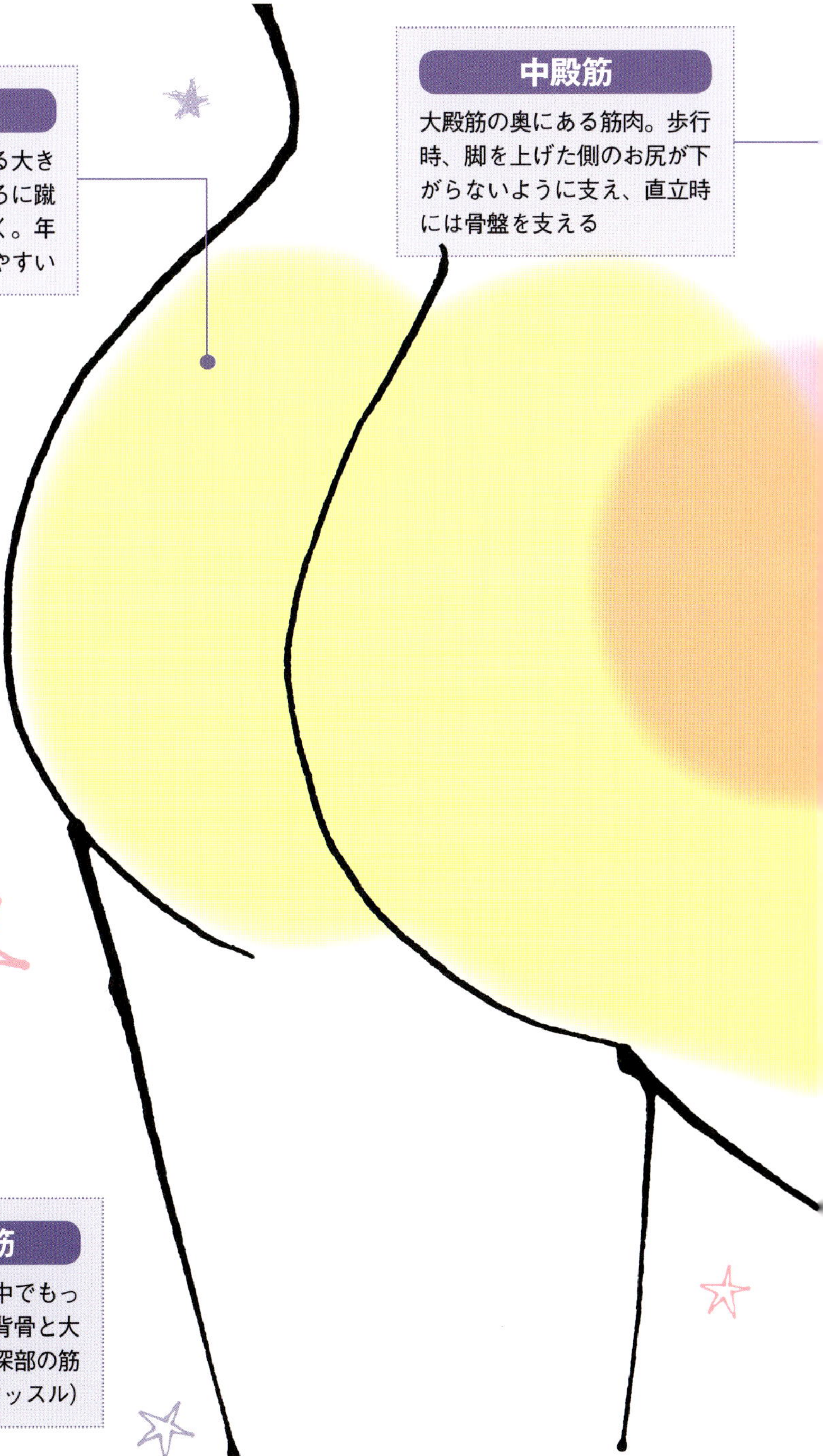

大腰筋

股関節屈筋の中でもっとも強力で、背骨と大腿骨をつなぐ深部の筋肉（インナーマッスル）

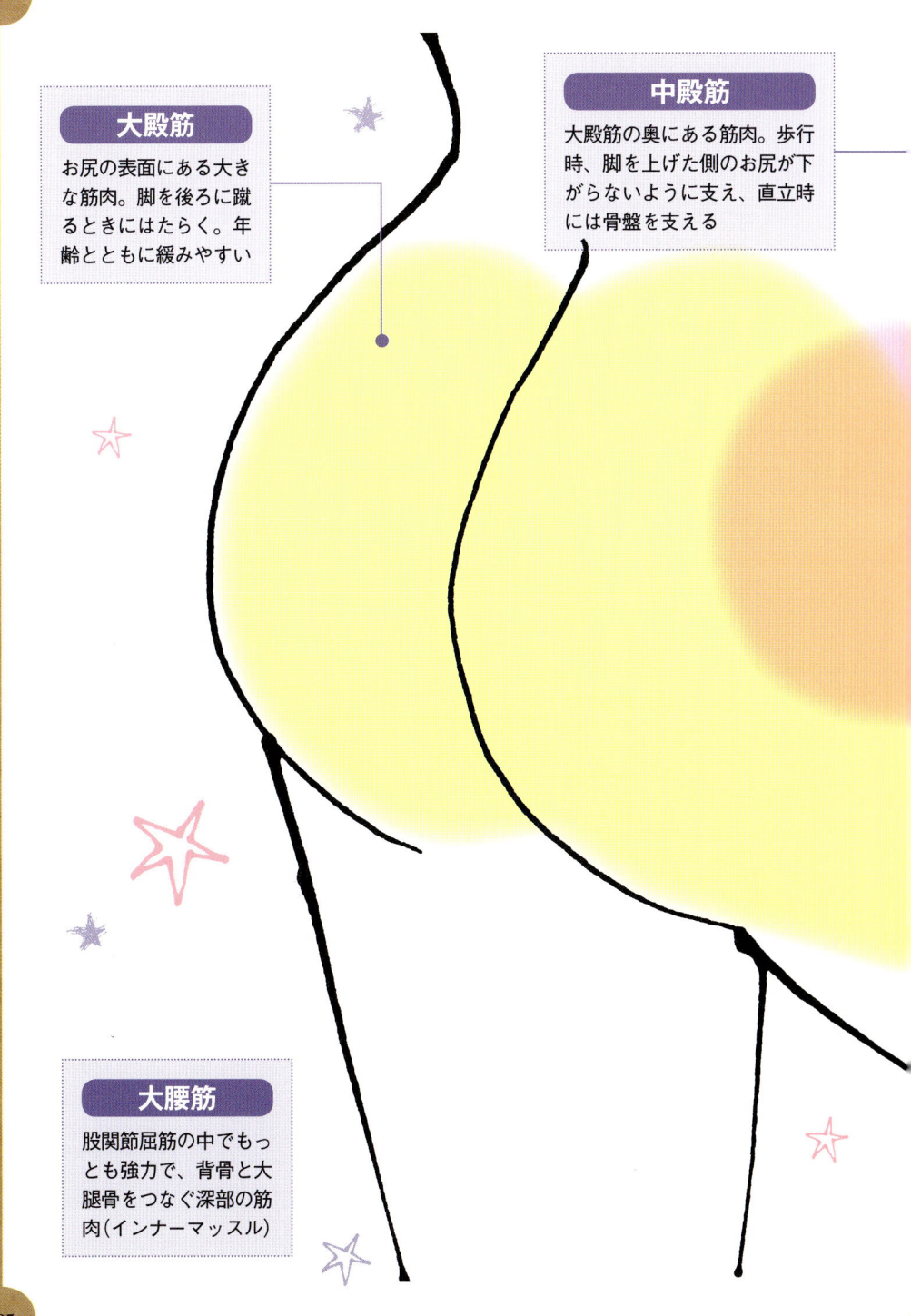

Hip Exercise

デッドリフト

開いた股の間に おへそを沈め込むつもりで 上半身をおろしていく

self-resistance
10回×3セット

ヒップの筋肉を鍛えるウエイトトレーニング「デッドリフト」のセルフレジスタンス版。イスに浅く腰かけ、脚を広げたら、背すじを伸ばしたまま、上半身を脚の間に落としていきます。

1

脚を開いて、イスの前部を両手でつかみ引きつける

easy version_1 もっとも低負荷な方法

ヒジは体の後方へ引き上げていくつもりで
手は脚の上に置く
5回×1セット

手は脚の上に。肩幅より少し広めに脚を開き、ゆっくりと上半身を落としたら、その場で5秒ポーズします。

大殿筋

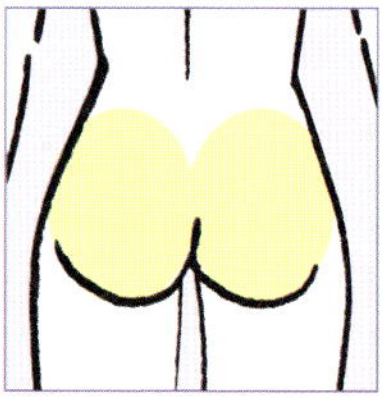

お尻の大部分を占める筋肉。股関節の伸展を担い、起立動作や歩行時にはたらく。体の中でいちばん重い筋肉であり、代謝に大きな影響をあたえる

Focus

ヒザを伸ばしておこなうと、さらにテンションが高まり効果大！

大殿筋が背中のほう（上方）に引っ張られているイメージで

上半身をできるだけ深く降ろしていく

2 5秒

背すじを伸ばしたまま、おへそを沈め込むようにして前傾。5秒ポーズしたら両手の力を入れたまま上半身を起こす

BAD!!

背中や首が丸まってはダメ！

easy version_2 負荷のかかる方法

ヒザを伸ばしてかかとをつき、背すじを伸ばしたまま前傾していく

5回×1セット

手は脚の上。ヒザを伸ばしたままおこなうと、より大殿筋が鍛えられます。上半身を落としたら5秒ポーズ。

首のエクササイズ

Neck Exercise

首やアゴのたるみはキレイの大敵。
年齢とともにゆるんでいくものと諦めないで！
首からアゴにかけての筋肉「胸鎖乳突筋」は、
意外にも引き締めやすい部位なのです。

胸鎖乳突筋
首の横にある筋肉。首を曲げたり、回転させたりするときにはたらく

無理なトレーニングで
首を痛めるのは怖い。でも、
セルフレジスタンスのエクササイズなら
大丈夫。胸鎖乳突筋を安全に
引き締めることができます
前斜角筋
首の横にある細長い筋肉。首を横に倒すときにはたらく
中斜角筋
前斜角筋より少し後ろにある細長い筋肉。はたらきは前斜角筋と同様

ネックフレクション

Neck Exercise

親指でアゴを持ち上げつつ、それに逆らうようにアゴを引いていく

self-resistance
30回
×
3セット

両親指の腹をアゴの下に添えます。アゴを持ち上げるように力を加えながら、それに逆らって首を下方に曲げていきます。親指と首への力はゆるめず、顔を正面の位置まで戻します。

side

1

手をグーにして合わせ、親指を立てる

親指の腹と人さし指の第１～第２関節とでアゴをはさむように固定

2

そろえた親指の腹をアゴ下に添えて、上方に負荷をかける

立った状態でおこなってもOK

胸《きょう》鎖《さ》乳《にゅう》突《とっ》筋《きん》

胸骨と鎖骨を起始点とする首の横の筋肉のひとつ。首を曲げ、回転させるはたらきを担う。年齢とともにたるんでいく傾向がある

3

親指の力に抵抗しながら、少しずつアゴを引いていく。引ききったら、親指に抵抗しつつアゴを元の位置まで上げていく

side

ゆるみやすい
首筋の筋肉が
引き締まる

BAD!!

首が後ろに倒れるまでアゴを上げない。首の後方部位に負担がかかりすぎるため。目線が正面を向くポジションで止めること

応用編 前斜角筋・中斜角筋を鍛える

首の横と後方の筋肉が刺激され、引き締まる

上半身ごと傾けないこと（肩は水平を保つ）

self-resistance 各30回×1セット

片手を頭の横（耳の上部）に添え、押し付けます。その抵抗に逆らいながら、頭を手のある側にゆっくり倒していきます。動きを止めずに力を入れたまま、元の位置まで戻します。左右で交代。

※首は頸椎や各種の神経が集まっている場所ですから、力の入れすぎには注意してください

ために押さえておきたい

正しい理解&注意点

01 ハイブリッドなダイエット向き筋トレ

セルフレジスタンスのベースになっているのは「アイソメトリックトレーニング」（等尺性運動）と「スロートレーニング」です。前者を一言でいうと、筋肉の長さを変えずに筋力を発揮する静的なトレーニング。もっとも知られているのは、いわゆる「空気イス」でしょうか。背中を壁につけ、イスに座る姿勢を維持する筋トレです。ただし、アイソメトリックには弱点があります。運動の所作に近い形で筋肉を鍛えられないこと、血圧が上昇しやすいことなどです。

しかし、一方ではメリットもあります。

＊トレーニングの所要時間が短い
＊器具がいらない
＊場所を選ばない
＊筋力発揮時間を延ばすことで、最大筋力の40パーセントの力の発揮でも効果が上がる

これらのメリットを生かしつつ筋肉量を効果的に増やし、血圧の上昇リスクを解消できれば、手軽で安全な筋トレにつながります。この条件を満たしている方法のひとつが「セルフレジスタンス」なのです。ダイエットに成功するには、適度な筋肉UPとその継続が欠かせません。その意味でセルフレジスタンスは、ダイエットに適したトレーニングのひとつといえます。

ダイエットを効率よく成功させる

セルフレジスタンスの

Self Resistance

◆アイソメトリック VS セルフレジスタンス

共通点

トレーニングの所要時間が短い	何の器具もいらない	最大筋力の40 パーセント程度の軽負荷でも効果がある	いつでも何度でもおこなえる

相違点

アイソメトリック	血圧が上昇しやすい	神経系が先に疲労する	筋力はつくが筋肉は増えにくい	運動実感に乏しく飽きやすい
セルフレジスタンス	血圧の上昇を緩和	筋肉への刺激が強い	筋力および筋肉量増加に効果	運動を実感できる

02 トレーニング中は呼吸を止めない

筋肉に力を入れるとき気をつけなければいけないのは呼吸です。歯を食いしばって、思いきり力を込めようとすると、どうしても息が止まってしまいがち。力を込めるときに呼吸を止めると血圧の上昇につながり危険です。

セルフレジスタンスでは、呼吸のリズムとエクササイズの動きを合わせます。基本的には、力を込めて動いている間に息を吐きつづけ、いったん止まって逆の動作に移るまでの間で息を吸います。なかには例外もありますが、その場合には、動きやすい呼吸のリズムでかまいません。

正しくおこなえば安全性は高いのですが、息を止めてしまうと血圧が上昇することもありますので、力を入れつつ体を動かしつづけ、息を吐いて、吸ってを絶えず続けるようにしてください。

03 ダイエットは「急がば回れ」

多くの人が、短期間でダイエットの結果を求めます。しかし無理な食事制限をすれば、筋肉が落ちて代謝の悪い（脂肪が燃えにくい）体をつくるだけ。つまり、以前よりかえって太りやすくなってしまうのです。

無理な筋トレをすれば体に過度な負担がかかり、ケガをしてしまう可能性もあります。といって、筋肉をよく使う有酸素運動量は、かなりキツイのが普通です。

1日当たりでみれば、ジョギングなどの運動代謝で消費されるエネルギーは、基礎代謝による消費量よりずっと少ない。ジョギングやウォーキングも継続することではじめて、トータルとして大きなエネルギーを消費したことになります。基礎代謝を上げる効果のある筋トレをおこない、脂肪が落ちやすく、つきにくい体の状態をつくることがダイエットではいちばん重要なことなのです。

無理なくできるセルフレジスタンスを毎日少しずつ続けることができれば、成功のための第一歩を踏み出したことになります。あとは適度な有酸素運動＆バランスのよい食生活をゆるやかに続ければＯＫです。

Chapter 2

ウォーキングアプリケーション

Walking Application

セルフレジスタンスと併用してオススメしたいのがウォーキング。
基本的には有酸素運動のウォーキングですが、
ちょっとした工夫で筋力アップも可能です。
会社への行き帰り、営業の途中、
ランチで外出する際など、誰にでもある
ウォーキングタイムをぜひ有効に活用しましょう。

Walking OUTLINE

ウォーキングで脂肪を燃やす

45分で約7グラムが燃焼。1年で3キロ減も可能

ウォーキングはもっとも手軽な運動のひとつです。

まず、歩くというのは「有酸素運動」ですから、それなりのエネルギー消費が期待できます。酸素を使って脂質や糖質を分解し、エネルギーとするわけです。

消費されるエネルギー源は脂肪と糖質で約半々。平均的な成人女性が45～60分ウォーキングすると約１００キロカロリーのエネルギーを消費します。ということは、約50キロカロリー分の体脂肪（量に換算すると約7グラム）が燃えることになります。

「１４０日ほどで脂肪を約1キロ減らすことができる！」

そうポジティブに考えてトライしましょう。

毎日、会社のひとつ前の駅で電車を降りて歩くなどの習慣をつければ、1年で3キロ近い脂肪の減少も期待できます。

しかし、普通に歩くだけでは有酸素運動でしかなく、筋肉はほとんど増えません。ところが、ウォーキングの応用で筋肉をつける方法も存在します。これについては、次項よりくわしくご紹介しますので参考にしてください。

また、ウォーキングを続けると意外なほどのリラックス効果が得られ

ます。さらに、体が多くの酸素を取り込めるようになると同時に、脂肪を消費しやすい状態にもなります。

脂肪の燃焼をうながす

有酸素運動は、エネルギー源として脂肪をダイレクトに燃やしてくれる

酸素を取り入れる量が増える

より多くの酸素を取り入れることが可能になり、脂肪の消費が後押しされる

リラックス効果が高い

適度な運動がリラックス効果を生む

Walking OUTLINE

ウォーキングをどう活かすか

1 大股・速足で歩く

歩く速度は、ストライド（歩幅）とピッチ（リズム）によって決まります。スピードをあげようとすれば、大股で、速いリズムで歩くことになりますが、ズバリ、これによってウォーキングの効果も大きく変わってきます。

まず大股で一歩一歩のストライドを広げようとすると、強く脚を押し出す必要があるため、太ももとお尻の筋肉が鍛えられます。胸を張って上半身を安定させなければいけないので、体幹も刺激を受けます。

さらにピッチを上げれば、脚を「振り出す力」と地面で「受け止める力」の両方が増すため、動作全体に対してより強い筋力が必要となってきます（大股でピッチを速くして歩くのが理想ですが、最初はどちらか片方だけでもＯＫです）。

こうなるとウォーキングは、もう単なる有酸素運動ではなくなり、筋肉の増加も期待できるようになります。

普通に歩くだけでは、単に「軽い有酸素運動」にすぎないウォーキングですが、その動作を少し工夫するだけで、筋肉に対する刺激を強めることができるのです。

筋肉の増強が期待できる

「運動代謝による脂肪燃焼」＋「基礎代謝を高める筋肉増強」の双方が望める。大股・速足を心がけることで、距離あたりのエネルギー消費量が増え、ダイエットにもよい影響が及ぼされる

血液とリンパ液がよく流れ美脚に

全身の筋肉の３分の２は脚に集中している。脚の筋肉がポンプの役割を果たし、血液とリンパの流れがよくなるため美脚効果が期待できる

2 筋力をアップさせるインターバル速歩

ただ歩くだけでは脚の筋力は増えず、持久力の向上にもあまり寄与しません。ゼロではありませんが、ダイエット法として期待するだけのエネルギー消費には、なかなか結びつかない面があります。

ところが大股かつ速足で歩くと、5ヵ月間のトレーニングで太ももの筋力が10～15パーセント向上し、持久力も10パーセント向上するというデータがあります（信州大学大学院教授、熟年体育大学リサーチセンター理事長能勢博先生らの研究による）。

熟年体育大学では「大股さっさか歩き」、いわゆる「インターバル速歩」を提唱し、大きな効果を上げています。

大股・速歩を数分間がんばり、疲れたら普通歩きにもどす――これを週に3日。1日の大股・速歩の時間はトータルで20分、インターバルの普通歩き時間は25分です。この実験の結果、もともと体力のない人ほど、太ももの筋力や持久力が大きく向上しました。さらには生活習慣病指標である体重、体脂肪率、ＢＭＩ、最高血圧、最低血圧、血中コレステロール濃度、空腹時血糖値、ＨｂＡ１Ｃなどの数値が改善されています。とくに、これらのパラメータが高い上位20パーセントの集団では、それぞれの値が約10パーセントも低下しました。

これらの改善度合は、大股・速歩をおこなう時間に比例します。大股で速歩きをすればするほど脂肪を燃やす筋肉がつき、健康体に近づけるというわけです。

「大股さっさか歩き」のトレーニング例
（1日3回に分けておこなう場合）

朝 大股速歩／4分→普通歩き（インターバル）／5分→大股速歩／4分→普通歩き（インターバル）／5分

日中 大股速歩／4分→普通歩き（インターバル）／5分→大股速歩／4分→普通歩き（インターバル）／5分

夜 大股速歩／4分→普通歩き（インターバル）／5分

↓

- 筋力15パーセントUP!
- 持久力10パーセントUP!
- 体重、体脂肪率、BMI、最高血圧、最低血圧、血中高コレステロール濃度、空腹時血糖値、HbA1Cの数値が改善

（信州大学大学院教授、熟年体育大学リサーチセンター理事長能勢博先生らの研究による）

3 歩くフォームをチェック

トレーニングのためにウォーキングをする場合、悪いフォームでは効果も半減します。まして筋肉にも効くウォーキングをめざす場合、正しいフォームは欠かすことのできない条件です。

さっそく理想のフォームで歩く練習をしましょう。

まず背すじを伸ばし、アゴを引き、胸を張ってまっすぐに立ちます。視線は20～30メートル先。ヒジを軽く曲げ、腕を後方に振るようにするのがポイントです。歩幅は、通常より足ひとつ分以上広めにとります。これで大股歩きになります。一本の線の上を進むような感覚で歩くと、フォームが安定します。

ピッチの理想は１分間に１５０歩。健康な人がもっとも速く歩いた場合を１００パーセントとすると、その約70パーセントのスピードに相当します。いきなりはキツイようなら１分間に１３０歩のピッチでもＯＫです。

熟年体育大学では、音楽のテンポに合わせながら歩くことを推奨しています。１分間に１５０歩の曲としては「上を向いて歩こう」「羞恥心」「六本木心中」、１分間に１３０歩の曲としては「Ｍｙ Ｒｅｖｏｌｕｔｉｏｎ」「渚のバルコニー」などが挙げられているようです。１分間に１３０拍以上のテンポで自分好みの曲を探し、あなたも楽しくウォーキングをしてみてください。

POINT 1 アゴを引き、胸を張って、腕は後ろに大きく振る

POINT 2 歩幅は「足ひとつ分」以上広めに。広げればそれだけ負荷がUP

POINT 3 1分あたり150歩（最初は130歩）の速いピッチで歩く

4 よりアグレッシブなエクササイズに挑戦

人目を気にせず、自由にエクササイズができるような場合には、次ページで紹介する「ランジウォーキング」を取り入れましょう。ランジウォークは無酸素運動の筋トレ。単体でおこなうのはもちろん、大股・速歩をするときのアクセントとして挟み込んでも効果があります。

Walking Exercise

ランジウォーキング

大きく足を踏み出し腰を沈める。両足を交互にくり返す

10～30歩
×
1～3セット

片足を一歩大きく前方へ踏み込んだら、ヒザを深く曲げ、そのまま腰をグッと下に沈める。次に、後ろの足を前方へ踏み込み、同様にヒザを曲げながら腰を沈める。10歩ほどからはじめ、20歩､30歩と徐々に歩数を伸ばしていきましょう。30歩できたら、今度はそれを2セット、3セットと増やしていきます。数ある筋トレ種目の中でもハードな部類に入りますが、そのぶん脂肪の代謝をうながす成長ホルモンの分泌も期待できます。

1

前足を大きく前に踏み出す。ヒザが90度近くになるまで曲げる。後ろヒザが地面につくくらいまで腰を落とす

踏み込む歩幅で負荷が変わる
両手を腰に当てておこなうと上半身が安定する
②
①

Check it out!!

日常生活で気軽にウォーキング 応用編 にトライ！

意図的なエクササイズがなかなか難しいようなら、ふだんから「歩く場所」を少し工夫するだけでも、その積み重ねによって効果が望めます。

階段一段とばし

通常ではなかなか鍛えにくいインナーマッスル（大腰筋）に非常に効くトレーニングです。

坂道を歩く

太ももを地面と平行になるぐらいまで上げることで、足腰の筋肉が刺激を受けます。

2

反対の足を大きく踏み込み、同じように後ろヒザが地面につくくらいまで腰を落とす

背すじを伸ばしたままおこなう
❷
❶

column 06

休日に負荷の強い筋トレで週明けの代謝力をキープ！

負荷の大きい器具を使った筋トレや加圧トレーニング、スロトレなどをおこなうと、脂肪の分解を助ける「成長ホルモン」と「アドレナリン」が分泌されます。筋トレの後こそ、脂肪は消費されやすい状態になるのです。

ふだん代謝されるエネルギー源は糖質と脂肪が約5対5。ところが、成長ホルモンとアドレナリンが分泌されると、3対7の割合になることもあります。

しかも、その状態はしばらく続きます。負荷の強い筋トレなら、翌日まで代謝の高い状態が保たれます。たとえば、日曜日にしっかり筋トレをおこなえば、代謝力の高い状態で週のはじまりである月曜

＊ 通常時 ＊

エネルギー燃焼

糖質：脂肪＝5：5

＊ 筋トレ後 ＊

成長ホルモン・アドレナリンが
脂肪の分解を促進

⇩

エネルギー燃焼

糖質：脂肪＝3：7

Sunday
monday
Tuesday
wednesday

日を迎えることもできるのです。

セルフレジスタンスは基本的に、続けやすさをコンセプトとした軽めの筋トレですが、ヒップウォーク（34ページ）とスプリットスクワット（50ページ）、ランジウォーキング（106ページ）は、成長ホルモンの分泌をうながす重めのエクササイズとなっています。

平日にはベーシックな軽めのセルフレジスタンスをおこない、休みの日などに少し負荷の強い筋トレ＋有酸素運動（ジョギングやウォーキング）をおこなえば、効率のいい脂肪燃焼効果が見込めます。

ウォーキングで一日を過ごす

case study

実践者①

美咲さん
（24 歳・オペレーター）
通勤時間 40 分

長時間座ったままで従事する仕事の場合、セルフレジスタンスは非常に有効です。
オペレーターの美咲さんは毎日オフィスで電話対応をしていますが、一回の電話で対応する時間の長さに合わせて、エクササイズ種目を使い分けています。

定時の出社

↓

仕事中デスクについたまま、電話相手の話の長さに応じてセルフレジスタンス種目を選択

＊ 長びくときは、**骨盤引き上げ**（P32）か**ヒップウォーク**（P34）でおなかを刺激

＊ 短そうなときは、**レッグエクステンション&カール**（P42）または**レッグレイズ**（P28）で脚部を刺激

＊ 時間があいたときは、**アップライトロウ**（P72）、**パームプッシュムーブ**（P64）、**パームプルムーブ**（P70）などでバストを刺激

セルフレジスタンス&

定時に退社
（残業は基本的になし）

「会社にいる８時間ほどの間に、セルフレジスタンスを合計 10 分以上はしています。ただし、一回一回は短時間なのですが……」

午後も午前と同じようにして各種セルフレジスタンスをおこなう

Dr.Ishii's eye

美咲さんは、シチュエーションごとに同系統のエクササイズでまとめている点がシンプルでよいと思います。一連の動きを体が覚えてしまえば、「いま無意識のうちにエクササイズしてたな」というようなことも起こるかもしれません。
ウォーキングはランチタイムにかぎらず、通勤・帰宅時の駅までのわずかな距離でも、大股・速歩を心がければ OK。限られた時間をどう活かすかがポイントです。

ランチタイムは70分

「この時間にウォーキングをしたいと思っているが、なかなか習慣化できなくて」

通勤時間が長い人は、それだけウォーキングに適した時間と場所を見つけやすいともいえます。職場の行き帰りに散策路や公園などがある駅で途中下車し、15～30分ほどウォーキングしてみてはどうでしょう。休みの日を利用してよい場所を探しておければ理想的です。

case study

実践者②
葉子さん
（33歳・事務職）
通常通勤時間約90分

いつもより15分早い電車に乗る

電車内で**ヒールレイズ**（P46）（立っていても座っていても可能）

途中下車

緑に恵まれた遊歩道がある駅で途中下車。約20分の**大股・速歩ウォーキング**（P100）

定時に出社

午前中は仕事も比較的ゆったり。ちょっとした合間に**レッグレイズ**（P28）と**アダクション&アブダクション**（P44）で、おなかと脚を刺激

Dr.Ishii's eye

葉子さんの場合、午前中に重めのセルフレジスタンスを取り入れ、忙しい時間には、気分転換も兼ねた軽めのエクササイズを実践しています。階段の一段飛ばしは、キツイようなら1フロアおきにするなど無理はしないように。休憩時、同僚の友達と一緒にやるというのも継続のためには効果的かもしれませんね。

ランチは22階の社員食堂

（オフィスのある18階から）階段利用を心がけ、ときには一段飛ばしで昇る

午後はかなり仕事がタイト

気がついたら**ネッククフレクション**（P90）と**シュラッグ**（P74）を1セットずつ
「いい気分転換になっています」

3時・休憩

パームプッシュムーブ（P64）、**パームプルムーブ**（P70）でバストを刺激
「バストアップしたいという同僚にも勧めています。一緒にやる仲間がいると、パームプッシュラウンドムーブなども堂々とできます!」

退社

日の高い季節や時間がある日は、途中下車して**大股・速歩**（P100）

Chapter
3

ダイエット コンプリヘンション

Diet Comprehension

ダイエットを成功させるためには、とにかく「継続」が必要。
セルフレジスタンスは、続けやすさに大きな特長がある
エクササイズですが、継続のためには正しい理解が不可欠です。
ダイエットとセルフレジスタンスを誤解なく
しっかりと理解するために、
そのポイントを最後の章にまとめてみました。

小さな「成功体験」の積み重ねがダイエットを実現させる

さて、ここで改めてダイエットに失敗する理由を考えておきましょう。

もちろん、うまくいかない理由は人それぞれですが、ダイエットが成功しないひとつの理由に、簡単にはその成果が実感しづらいことが挙げられるでしょう。成果がなかなかはっきりあらわれないから、焦ってしまって無理な食事制限をしたり、諦めてしまう人が多いのかもしれません。

しかし、ダイエットの効果が実感できるまでには、ある程度の「継続」がどうしても欠かせない条件です。

セルフレジスタンスはその点、器具を使うような筋トレと比較すれば、ずいぶん続けやすいものだろうと思います。仕事中でも、電車の中でもできますから、ふつうの女性が自分の生活の中に組み込みやすいのです。

セルフレジスタンスをずっと続けていれば、何ヵ月後かには、かならず効果があらわれます。

いったん効果を実感できると、つまり自分で成し遂げたという成功体験が得られると、

「もっと続けよう」

という前向きな気持ちが高まります。

この段階を経ることができれば、自分自身を理想的なポジティブモードに切り替えることができるようになります。

どんなにささいな、小さなものでもいい。あなただけの密かな成功体験をコンスタントに積み上げていきましょう。その喜びと自信が、その後のトレーニングの大きな推進力となってくれるはずです。

役に立つ「失敗体験」と間違った「成功体験」

一度でもダイエットで成功体験を得たことがある人の大半は、その後トレーニングをサボったせいで元にもどってしまったという「失敗体験」をしています。「サボる→筋肉が落ちる→代謝が落ちる→太る」という負の連鎖です。

ですが、この成功体験と失敗体験のふたつを体験できた人は、じつは得難い教訓をつかんでいるといえます。「せっかく成果が見えても、サボったら元にもどってしまう」という失敗体験は、継続することの重要性を実感として教えてくれます。そのぶん次回からは、成功体験の連鎖に切り替えていける可能性が高まります。

逆に、一見成功体験のようで、現実には失敗体験でしかない場合もあります。極端な食事制限に走り、短期間で体重が5キロ減ったというようなケース。実感としてはダイエット達成でも、これは間違った成功体験です。体重が減ったということは、脂肪だけでなく筋肉も減ったということ。むしろ、エネルギーの最大消費者である筋肉のほうが、脂肪より先に多く減るのです。筋肉が減るから基礎代謝が落ち、やせにくい体を自らつくってしまう。ダイエット前より悪い状態になってしまうとしたら、元も子もありません。

ですから、「3日でマイナス5キロ！」といったダイエット広告に惹かれて、次から次へと手を出していくようなことは避けなければなりません。短期的には成功をくり返してきたつもりでも、最後には大きな失敗が待ち受けていることになります。

セルフレジスタンスの3つのメリット

セルフレジスタンスの特長と利用のしかたについても、もう一度まとめておきましょう。

30歳を迎えるころから、誰でも筋肉は減ってきます。それにともなって代謝能力は下がり、太りやすい体になってくる。学生時代にスポーツを活発にしていて、ずっとスリムで通してきたような女性でも、それは同じです。ですから、とくに30歳を過ぎたら、代謝能力を維持するための筋トレが必要なのです。それも習慣的、かつ継続的に。セルフレジスタンスは、とりわけ女性に有用なエクササイズです。比較的軽い負荷で、続けやすく、生活の中に自然と溶け込みやすいことを第一の目的としています。だから、無理なく継続することができます。

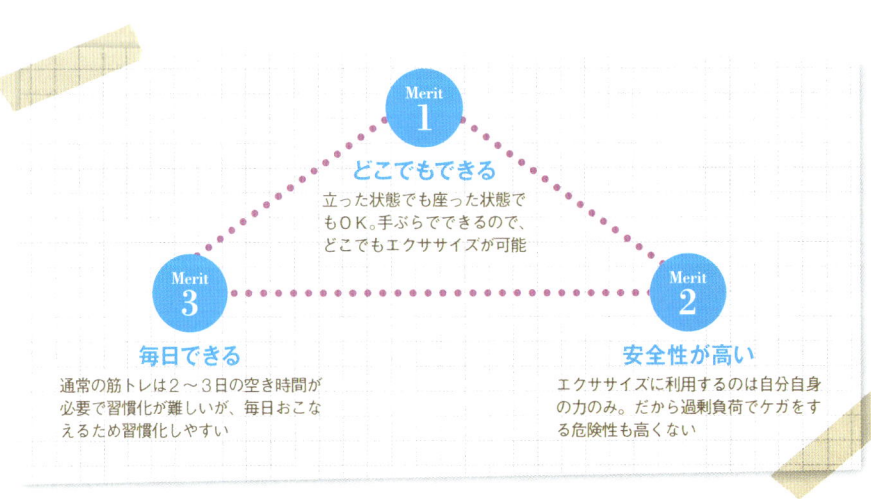

ダイエットをめざす女性にセルフレジスンタンスをお勧めできる最大の理由、利点は次の3つです。

Merit 1

どこでもできる

立った状態でも座った状態でもＯＫ。手ぶらでできるので、どこでもエクササイズが可能

Merit 2

安全性が高い

エクササイズに利用するのは自分自身の力のみ。だから過剰負荷でケガをする危険性も高くない

Merit 3

毎日できる

通常の筋トレは２～３日の空き時間が必要で習慣化が難しいが、毎日おこなえるため習慣化しやすい

Merit 1 どこでもできる

セルフレジスタンスは、場所を選ばない筋トレメニューです。

「あれこれ日々忙しく、トレーニングのためにまとまった時間はなかなか割けない」

そんな世の多くの女性たちには、現実的に有用なダイエット法といえるでしょう。

ほとんどのエクササイズは座ったままでも可能。つまり、通勤電車の中でもオフィスでもできるというわけです（もちろん公衆道徳上、ケースバイケースで人目を意識していただく必要はありますが）。

また、その多くが短時間でできるエクササイズですから、日頃から忙しい人でも、ふとしたタイミングですぐ行動に移せます。むしろいつも忙しくしている人、一日の行動パターンがある程度固まっているような人のほうが、「セルフレジスタンス・タイム」を滑り込ませやすいかもしれません。

たとえば、仕事の合間にお茶を飲む前後のタイミング。出勤前に自宅でテレビを見ながらでもＯＫです。習慣的にセルフレジスタンス

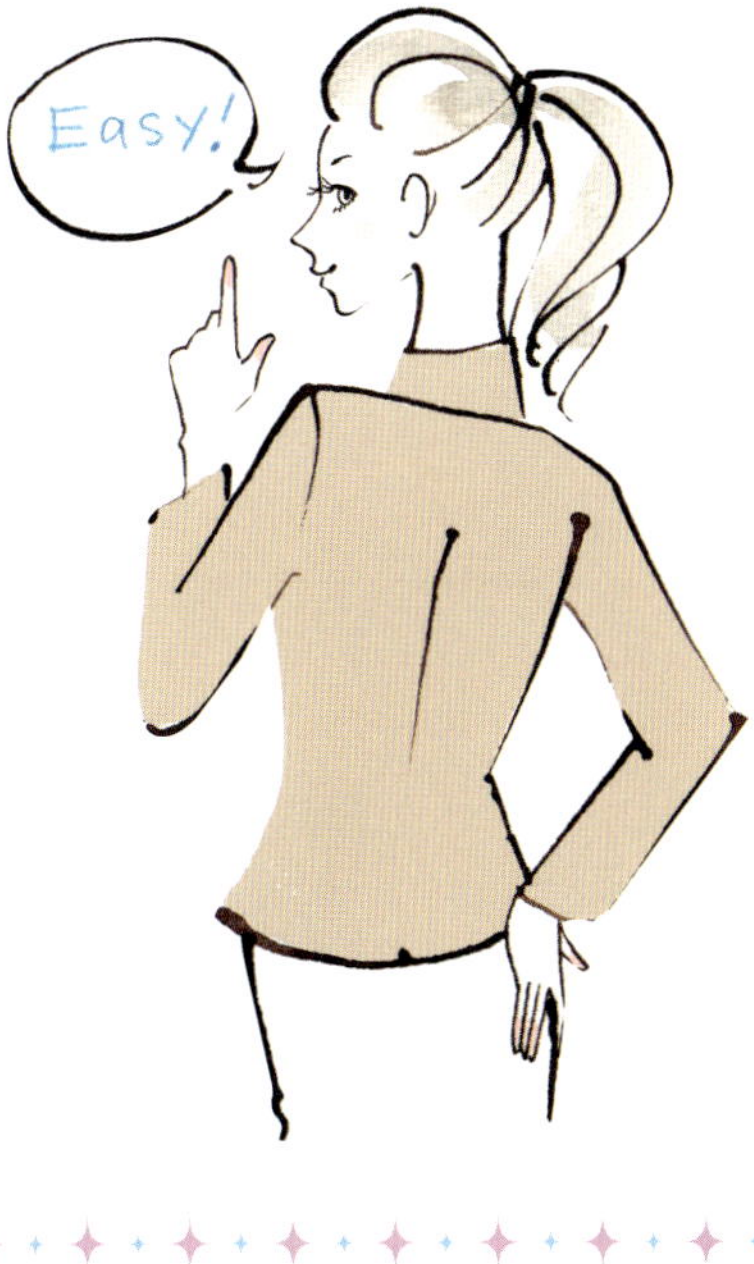

を3分間、あるいは30秒程度での1セット、2セットの積み重ねでも十分です。さっそく始めてみませんか。

Merit 2
安全性が高い

セルフレジスタンスでは、ダンベルや鉄アレイなどといった、いわゆる筋トレ器具はいっさい使用しません。「セルフ」という名のとおり、自分で負荷（レジスタンス）をつくりだすエクササイズだからです。

器具を使っておこなう筋トレは、場合によっては思わぬケガをするリスクが付きまといますが、セルフレジスタンスはその点安全です。

腕立て伏せ、腹筋、スクワットといった自重負荷トレ（自分の体重が負荷となるエクササイズ）も器具を使いませんが、ダイエットを必要としている女性には負荷が大きい場合もあり、体調や種目によっては危険をともなうこともありえます。

腕立て伏せや腹筋自体が「できて1回がやっと」という女性も多いなか、エクササイズを継続させていくためには、自分自身の体力をよく考えて種目を選ぶ必要があるでしょう。また、腕立てや腹筋などは横になっておこなうため、家でしかできなかったりと場所の制約も出てきます。

その点、セルフレジスタンスは体重に関係なく、あなたにとって最適な負荷をあなた自身でつくりだせます。年齢を問わず、誰でも気軽に挑戦できるはずです。

Merit 3 毎日できる

通常の筋トレでは、最大筋力（自分が出せる最高の力）の65パーセント以上の負荷がなければ、確かな効果は見込めません。最大筋力の50パーセント程度の負荷でトレーニングをしても、筋肉の増強は期待しにくいということです。

一方で、セルフレジスタンスの場合、上手におこなえば最大筋力の40パーセント程度の負荷で筋肉の増強をはかることができます。自分にムチ打って負荷を大きくし、くたくたになるまでやる必要はないということです。ですから、翌日筋肉痛で動けないということにもならず、毎日おこなうことができます。

なぜかといえば、専門的には、「筋力発揮にともなう筋内圧の上昇によって、筋循環の制限が起こるため」というのが理由です。わかりやすくいえば、少々弱い力であっても、長いあいだ負荷（静的な刺激）をかけつづけていると筋肉中の血管が圧迫され、血液の流れが制限されるため、筋肉が発達しやすい刺激へとつながるというわけです。

これに、ゆっくりとした動き（動的な刺激）を加え呼吸を止めないことで、筋肉にエネルギー消費をさせ、より発達しやすい状態にするのがセルフレジスタンスの考え方です。

軽い負荷で済むため女性にはやりやすく、体へのダメージもない。だから毎日トライできる。これは好ましいメリットといえるのではないでしょうか。

使われない筋肉は落ちていくだけ

筋肉は、使わないと落ちていきます。

以前、若く健康な被験者を対象に「ベッドレスト」という実験をおこないました。終日、筋肉を使わずベッドの上で過ごしてもらうというものです。

この実験で、脚の筋肉は1日で0・5パーセント減ることが判明しました。これはふつうの暮らしの中で筋肉が減っていく割合（1年で約1パーセント）に照らすと、半年分にも相当します。2日で1年分の筋肉ダウンです。

土日の休みをずっと布団の中で過ごせば、単純計算ですが、筋肉はそれだけで1才歳をとってしまうということになります。筋肉は使われないと、それだけ落ちていくのが早いのです。

筋肉増強↓ダイエット
日頃からの継続こそが近道

もし、あなたが過去10年間、同じ運動レベルを維持できているとしたら、3パーセント程度の筋肉ダウンで済んでいるはずです。ところが実際には世の多くの女性が、1年で約1パーセントずつ筋肉を減らしています。極端な話をすると、10年で全身の筋肉の10分の1がどこかへ消えてしまっていることになります。

「じゃあ10年前の生活へ一気にもどそう！」と思ってもそう簡単にはいきません。ですから、いつでもどこでも、わずかな時間があれば、落ちやすい筋肉へダイレクトに刺激をあたえようという日頃からの姿勢が大切なのです。

それこそが女性のダイエット達成への近道であり、その手段としてセルフレジスタンスを活用していただけたら幸いです。

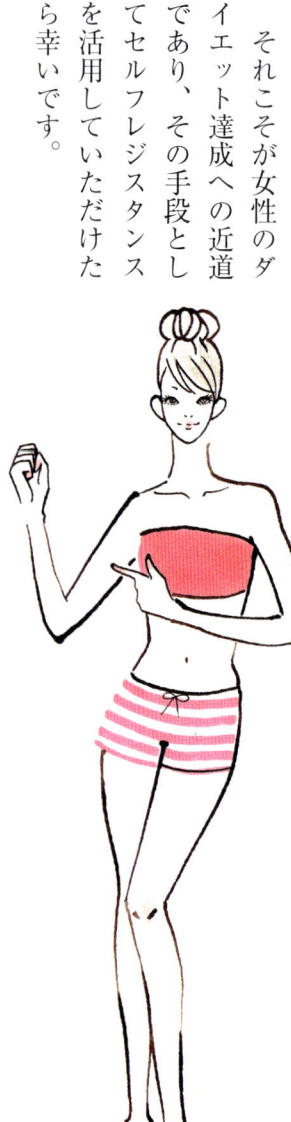

ブックデザイン　棟保雅子
撮影　遠藤 潤（スタジオワイズ）
モデル　川端マリエ（アイル）
ヘアメイク　長谷川和美
イラスト　園田レナ

編集協力　内原栄司（ユー・ポイント）
撮影協力　工藤麻衣子（石井直方研究室）

衣装協力　アディダス ジャパン株式会社
TEL 0120-810-654（アディダスグループお客様窓口）

セルフ・レジスタンス
the extra SLOW TRAINING
美人をつくるダイエット エクササイズ

2011年8月22日　第1版第1刷　発行

著　者　石井直方
発行所　株式会社亜紀書房
〒101-0051
東京都千代田区神田神保町1-32
電話03（5280）0261
http://www.akishobo.com
印刷所　株式会社トライ
http://www.try-sky.com

ISBN978-4-7505-1101-6 C2077